コピペと言われないレポートの書き方教室

3つのステップ

> コピペから正しい引用へ

山口裕之

新曜社

はじめに
——「コピペ」の蔓延(まんえん)とその原因

この本の特徴とねらい

　この本を手に取ったみなさんは、大学の授業の課題で生まれて初めて「レポート」なるものを書くように言われて戸惑っている大学1年生の方でしょうか。あるいは、大学1年生に「コピペ・レポート」をやめるように指導したい大学教員かもしれません。最近は、中学校や高校でも総合学習の時間などにインターネットを使った調べ学習が行われていて、あるテーマについて自分で調べたことを発表する機会があるようです。そのためにネット情報の活用法を知りたい中高生も多いに違いありません。この本では、そうしたみなさんすべてに、「コピペと言われないレポート」を書くためにはどうすればよいかを説明したいと思います。もちろん、最終的な目標は優れたレポートを書けるようになることですが、それ以前に、コピペをしていたのでは「レポート」の範疇(はんちゅう)にさえ入りません。

　これまでにも「レポートの書き方」と銘打った本がたくさん出版されています。しかし、それらの本の多くは、ネット時代以前に書かれたもので、「コピペ問題」に対応しようという問題意識が希薄なようです。また、レポートのみならず論文の書き方についても指南しようとしているために、少々高度なことまで盛り込まれており、かえって一番重要なポイントが何なのか、分かりにくくなっている本も多いのです。

そこでこの本では、「コピペ」と言われないためには具体的にどうすればよいのかを、最重要ポイントのみに絞って、大学生のみならず中学生、高校生にも読めるように、できるだけ簡単に説明します。「最重要ポイント」というのは要するに、大学教員がレポートを採点するときに、最低限度ここだけはちゃんとしてほしいと考える点です。

そして、レポートの書き方について、実際に何をどうすればよいのかが分かるように具体的に説明していきます。

たとえば、「レポートは感想文ではありません！ 論理的に書きなさい」などと言われても、具体的にどういうふうに書けばよいのか分かりませんよね。この本では、「あなたのレポートには〈カギかっこ〉がありますか？」とか、「〈思う〉と書いてしまったら消して理由や根拠を考えましょう」など、多くの学生がレポートを書くときにやってしまいがちなことを具体的にどのように修正したらよいのか、注意点を挙げていきます。これなら、自分の書いたレポートの修正すべき個所がどこなのか、誰でもすぐに分かるはずです。

そうした基本的なレポートの書き方を練習することで、自分の意見を説得的に表現する方法という、学校で学ぶときにも、会社で仕事をするときにも、あるいは民主主義社会を生きていくうえでも、もっとも重要で貴重なスキルを身に付けていってもらうことが、この本のねらいです（「民主主義とレポート」については、この本の最後でまとめて説明します）。

この本の使い方としては、レポートを書く前に、まずざーっと全体を読んでください。読書力のある人なら１時間ちょっと、あまり本は読まないという人でも２，３時間もあれば読み終わるはずです。この本は３つのステップで構成されています。ステップごとに内容のまとめページを作り、さらに最後にレポートの書き方チェッ

クリストとできばえチェックリストを付けてあります。全体を読んだらまとめのページに戻って、内容を覚えているか一度確認してみましょう。

　実際にレポートを書くときには、「書き方チェックリスト」の流れに従って書き、できあがったら「できばえチェックリスト」で形式や内容が妥当かどうかチェックしてください。リストは要点だけですから、細かい点を確認したいときには本文の該当箇所に戻って読み直して確認してください。このようにすれば、誰でも無理なく「コピペと言われないレポート」が書けるはずです。

> **レポートと就職**
>
> 　「自分の意見を説得的に表現する方法」は会社で仕事をするうえでも重要、と書きました。経済同友会が2010年に行った「企業の採用と教育に関するアンケート」では、「新卒の採用選考の際、ビジネスの基本能力等として、特にどのような能力を重視していますか」という設問に対して、「論理的思考力」という回答が4位となっています（http://www.doyukai.or.jp/policyproposals/articles/2010/pdf/101222a.pdf, 2012年9月25日アクセス）。
>
> 　通常の企業が「論理学」を重視しているとはあまり考えられないので、ここでいう「論理的思考力」とは「自分の意見を説得的に表現する方法」に他ならないでしょう。
>
> 　「なんだ、4位か」と思われるかもしれません。しかし、1位は「熱意・意欲」、2位は「行動力・実行力」、3位が「協調性」で、これらは性格的なものですから、身に付けようとしてもなかなか身に付くものではありません。それに対して「自分の意見を説得的に表現する方法」は一つの技術であり、練習することでその能力を高めていくことができます。この本では、その技術の基本を伝授します。

コピペとは何か

　この本を手に取ってみられたということは、「コピペ」とは何か、すでによくご存知の読者も多いとは思いますが、念のため、簡単に説明しておきます。そのうえで、なぜそれがいけないことなのか、なぜそうしたことが蔓延するのか、ということについても触れたいと思います。理由が分かれば、対策はおのずと明らかになってくるでしょう。

　まず、「コピペ」とは、「コピー＆ペースト」の省略で、要するに「文章の切り貼り」ということです。具体的には、パソコンで電子ファイル（主にはインターネットのページ）の一部分をコピーして、自分の文書に貼り付ける行為を指しています。これがなぜレポートと関係あるのかというと、大学の授業などでレポートを宿題にすると、インターネットのページを切り貼りして作成したものを提出する学生が激増しているのです。

　当人は、ちゃんと調べて書いたつもりなのかもしれませんが、ひどいものになるとウェブページの丸写しということもあります。ふつう大学教員は「テーマに関連する情報を調べたうえで、自分の意見を説得的に表現する」というスキルを練習してもらうためにレポートを宿題にするのですが、ウェブページ丸写しではカンニングと言われても仕方ないでしょう。

　一つのウェブページを丸ごとコピペしてそのまま提出するような悪質なレポートはさすがにそれほど多くありません。大学や学部によってかなり違いはあるようですが、私の大学の場合では、100人のクラスで1人いるかどうかという程度です。しかし、いくつかのページの切り貼りのみで構成されたレポート、つまり「自分の意見」がほとんど書かれていないレポートはかなりたくさんありま

す。100人中で2〜30人はそういうパターンです。中には、段落ごとに、あるいは文の途中から活字のフォント（字体）やサイズが違っていたりするものもあります。コピペしたのが丸わかりのレポートを前に、「せめて隠蔽工作をしようという頭ぐらい働かせてくれよ」などと思ってしまったりします。

「ホームページ」か「ウェブページ」か？

インターネット上に公開されているページのことをすべて「ホームページ」と呼ぶこともありますが、正確には「ホームページ」とは、複数のページで構成されているウェブサイトの表紙にあたるページのことです。スタートページやトップページと呼ばれることもあります。以下、この本ではインターネット上のページのことを「ウェブページ」（あるいは単に「ページ」）と呼びます。

コピペ判定ソフト

コピペ・レポートの蔓延という事態を受けて、主に大学教員向けに「コピペ判定ソフト」が実用化されています。そうしたソフトは、学生の提出したレポート本文のどの部分が「コピペ」なのか、色を変えて表示してくれたり、「コピペ率」を算定してくれたり、レポート同士の類似性（つまり友だちのレポートをコピペした学生がいないか）を示してくれたりします（コピペ判定ソフトの機能については、以下のサイトを参考にしました。株式会社アンク「コピペルナーV2」, http://www.ank.co.jp/works/products/copypelna/Client/index.html, 2012年9月24日アクセス）。

はっきり言って、まともな大学教員であれば、コピペのレポートかどうかは読めば一目でわかります。コピペのレポートは、語り口

や言葉づかいが、学生が書いたレポートにしては不自然なのです。そのため、単にコピペを見破るだけならばこうしたソフトは不要ともいえるのですが、いざ採点しようとするときには、証拠がないと０点は付けにくい、あるいは自分でネットを検索して証拠をつかむのは手間、ということで利用されているのかもしれません。

盗作（ないし剽窃（ひょうせつ））と引用の違い

「完全コピペ」や「コピペのパッチワーク」であれば大幅減点はやむを得ないし、その証拠をつかむためにはコピペ判定ソフトも役に立つのでしょう。しかし実は、一番多いのは、どこかで得た情報の単なる要約に過ぎないレポートです。これが大変に多い、というより、提出されるレポートのほとんどはこれ、といっても過言ではありません。

たとえば、以前に「常識を疑え！」というテーマの講義で課した「ハイブリッドカーは環境に良いか」という課題に対する、ある学生さんのレポートの書き出しは、以下のようなものでした。

> ハイブリッド車とは、異なる二つ以上の動力源・エネルギー源を持つ自動車のことで、通常のエンジン車よりも燃費がいいといわれている。

種を明かせば、この文章はウィキペディアの項目「ハイブリッドカー」の要約です。

巧みになされた要約は、それ自身、創造的な思考活動ではないのか、というふうに考える方もおられるかもしれません。また、完全なコピペではないので、単純に「０点」を付けることには抵抗を覚

える大学教員もおられるかもしれません。

　というわけで、実際に大学でレポートの採点をするときには、「単なる要約レポート」については「まあ60点（通常、大学で「単位」が認められる最低得点）を付けておこうか」ということになることが多いかと思います。

　「完全コピペ」はともかく、なぜ単なる要約でもいけない（合格スレスレの点数しかもらえない）のでしょうか。一言で言うと、情報源を明記せずに要約したり、そのまま写したりするのは「盗作」（より正確だが難しい言葉でいうと「剽窃」）になるのです。

　ところが、先ほどの例文に、

> **ウィキペディアによると、**ハイブリッド車とは、異なる二つ以上の動力源・エネルギー源を持つ自動車のことで、通常のエンジン車よりも燃費がいいといわれている。

というふうに、冒頭に「ウィキペディアによると」という一文を付けただけで、「盗作」が「引用」に変わるのです（もちろん、さすがにこれだけでは不十分なので、具体的にどういうふうにすればよいかは後で説明します）。

　専門の学者が他人の論文を盗作したり、作家が他人の作品を盗作したりしたことが発覚すれば、彼らの社会的地位が失われるほどの重大問題になります。学者や作家の仕事は、オリジナリティのある作品（論文や小説など）を制作することです。優れた作品を制作する能力のある学者や作家は高い評価を得ます。他人の作品を盗作することは、単なる「盗み」ではありません。自分の価値を本来の価値以上に見せかけて人をだまし、それによって不当な利益を得るという詐欺行為なのです。

専門の学者や作家でない学生の場合でも、コピペでレポートを作るということは、もともと自分が書いたのではない文章を、あたかも自分が書いたかのように装って教員に提出し、よい成績をもらおうとする行為ですから、同様の詐欺行為になります。要するに、カンニングだということです。

　他方、「引用」は、合法的に他人の論文や作品を参照する行為で、学者も作家も日常的に行っていることです。とくに学者の場合、引用することは非常に重要です。多くの学生さんは学問研究について、「白衣を着たちょっと変わった人が研究室にこもって一人でやっているもの」といったイメージを持っているかもしれませんが、実は学問研究とは集団的な作業です。ある学者の学説を、他の学者が批判的に検討し、より優れた学説に鍛え上げていくことによって科学は進歩します。ですので、自分の論文に、他の学者の研究成果を引用し、それを検討することは、論文作成において必要不可欠です。ふつうの学会では、引用文献のない論文は、「論文」として認めてもらえません。

　レポートの場合も同様です。レポートでは、テーマに関連する情報を調べ、それを批判的に検討することで、自分の意見を主張することが求められています。引用文献がなく、「自分の思い」だけを書いたものは感想文であって「レポート」ではありません。

　このように、盗作と引用には大きな違いがあります。そしてこの大きな違いは、たった一つ、**情報源を明記するか否か**にあるのです。

コピペと著作権法

　コピペはもちろん、情報源を示さない要約もまた、重大な「犯罪行為」です。

日本の著作権法では、第三十二条で、「公表された著作物は、引用して利用することができる。この場合において、その引用は、公正な慣行に合致するものであり、かつ、報道、批評、研究その他の引用の目的上正当な範囲内で行なわれるものでなければならない」とされています。

　条文に「公正な慣行」とありますが、これは具体的には以下の3つです。

1）主従関係：引用文が、作品全体の一部分（従属的な部分）にとどまっていること。レポートの半分が引用文といったものや、レポート全体が引用文のパッチワークといったものは認められません。
2）明瞭区分性：引用文をカギかっこでくくるなどして、それが引用であることをはっきり示すこと。
3）出所表示：どこから引用したのか、出典を明示すること。

　主従関係・明瞭区分性・出所表示という3つの言葉をしっかり頭に入れておいてください。この本は、こうした「公正な慣行」を学べるように構成しています。これに合致しないものは違法になりますので注意してください。

　「要約はどうなんだ？」と思われるかもしれません。著作権法の第二十七条では、「著作者は、その著作物を翻訳し、編曲し、若しくは変形し、又は脚色し、映画化し、その他翻案する権利を専有する」とされています。要するに、他人の作品を勝手に要約して、あたかも自分の作品であるかのように発表してはいけないということです。コピペ・レポートだけでなく、「単なる要約レポート」も違法なのです。

　もちろん、引用したい文章が長すぎるときなどには、それを要約したうえで、先の「公正な慣行」に合致する形で利用することは問題ありません。

学生は、なぜコピペしてしまうのか

　なぜ多くの学生がコピペをしてしまうのでしょうか？「最近の大学生はモラルが低下している」というようなことを言う人もいますが、私はまったくそう思いません。少なくとも、私が勤めている大学の学生さんたちの多くは（「全員」とは言いませんが）、あえて悪事を働こうなどとは夢にも思わないような、素直でまじめな人たちです。どうも彼らには、自分たちの提出したレポートには「課題についてちゃんと調べてきた答え」が書いてあると思っているふしがあります。「コピペだから０点！」と宣告すると、何が悪かったのか分からずにびっくり仰天する人もいます。

　最近の情報化社会、インターネットの発達を背景に、多くの小、中学校や高校で「調べ学習」が行われているようです。学生からの話を総合すると、そうした「調べ学習」は、「単に調べてきたことをそのまま発表して終わり」という形で行われることが多いようなのです。そこで彼らは、与えられた課題についてどこからか「正解」を探してきてそのまま報告すれば褒められる、と学習してしまっている。つまり、調査した文献や資料を「引用」することと、「丸写しすること」の違いが教育されていないのです。異論のある小中高校の先生方もおられるとは思いますが、残念ながら大多数の大学生が悪事だと思わずにコピペをしてしまっているというのが実態です。

　「コピペ・レポート」の蔓延に対して、私の大学を含めて多くの大学では１年生の最初の時期に「大学入門講座」などの時間を取り、その中で「コピペはいけません」と指導しています。しかし、時間が不十分なこともあってか、調べてきた情報をどのように扱えば「コピペ」でなくれっきとした「引用」になるのか、といった具

体的なところはなかなか教育されていないのが実情かと思います。そして、授業でいきなりレポートが宿題に出され、「ちゃんと調べたこと」を丸写しして出してしまう、ということになるようです。

ウィキペディアは使ってはいけない？

「コピペ問題」が広がる中、「ウィキペディアは使ってはいけない」ということは繰り返し指導されており、学生の間によく浸透しているようです。そこで彼らは、言いつけをきちんと守ってウィキペディアを使わない代わりに、「Yahoo 知恵袋」や、誰が書いたのかも分からないブログなど、もっと信用のならない記述をコピペしてくれたりします。使ってはいけない**理由**をきちんと伝えることが大切だと痛感します。

この本は、「コピペ」と言われないために守るべき形式上のルールを伝授することを主要な目的としていますが、そのときに、なぜそうするのか、理由も説明します。理由が理解できていれば、どうすればよいか迷ったときに、おのずと答えが見つかるものです。

信用できるウェブページと信用できないページの判定法については、のちほど、いくつかのポイントを示しますので活用してください。

「コピペ！」と言われないための基本ルール

「コピペ」と言われないレポートを書くためには、以下で述べるとても簡単なルールを守ればよいのです。基本は、先に述べたように、情報源を明記せずに単に要約したり、そのまま写したりするのは「コピペ」だということです。

この本では、「コピペと言われないレポートの書き方」の基本的なルールを、7つのポイント、3つのステップに分けて説明してい

きます。あらかじめ列挙しておくと、

ステップ1　「コピペ」と言われない書き方・基礎編
　　　　ポイント①：情報源は引用と出典で明示する
ステップ2　「コピペ」をしようと思わなくなるための方法
　　　　ポイント②：複数の情報源を確認する
　　　　ポイント③：反対意見・反対の事例を常に探す
　　　　ポイント④：「論じるべきこと」を見つける
ステップ3　「引用」を活用した文章の構成
　　　　ポイント⑤：「思う」は禁句
　　　　ポイント⑥：接続詞を入れる
　　　　ポイント⑦：具体的な結論を出す

　「コピペと言われない書き方って、これだけ？」と思われるかもしれません。しかし、ルールを聞くのは簡単ですが、実際にそれができるようになるにはかなりな練習が必要です。私が授業などでいつも言うことなのですが、「野球のルールをいくら聞いても、練習しなければホームランは打てない」のです。
　ルールを知らなければそもそも野球はできませんが、ルールを知っているだけでも無理ですよね。筋トレをやって、素振りをして、実際に球を打ってみて、といった地道な練習を重ねて初めてまともな試合ができるようになるのです。
　レポートもまったく同じです。書き方のルールを知らなければレポートは書けませんが、まともなレポートが書けるようになるには地道な練習を重ねることが必要です。そうした基本練習は、卒業論文など、もっと本格的な論文を書くときにも役に立つことでしょう。

コピペ以前の基本

ここまでコピペを中心に説明してきましたが、ここでコピペ以前の「レポートを書くときの基本」について簡単に説明しておきます。

まず、レポートは**パソコンのワープロソフトで作成**しましょう。パソコンのスキルは身につけておいて損はありません。普段から練習を兼ねてパソコンを使いましょう。採点する立場から言うと、必ずしも字のうまい学生ばかりとは限りませんので、手書きの原稿を読み続けるのはけっこう疲れるのです。

また、携帯電話のメールでレポートを作成してそのまま送信する学生もいます。最近の多機能携帯電話（いわゆる「スマホ」）の画面はずいぶん大きいとはいえ、パソコンと比べればずっと小さいです。小さい画面では多くの文章が表示できませんから、推敲することが困難です。推敲しないで書き流された文章など、高い評価を与えられるはずがありません。というわけで、**携帯電話でレポートを作成するのはやめましょう**。

さて、パソコンで作成した原稿を保存するとき、ファイル名は、とくに教員からの指示がない限り、「**授業科目名＋自分の名前**」としておくのがよいでしょう。たとえば、「哲学概論」という授業のレポートの場合には、「哲学概論レポート（山口裕之）」としましょう。

ただし、教員によってはあえて「縦書き原稿用紙に手書きで」などと指示する人がいます。そうした場合には指示に従ってください。私の知人の大学教員にも、「パソコンで作成させると、ウェブページを読みもしないでコピペするから、せめて一度は読ませる」という目的で手書きを指定する人がおられます。

紙は、**Ａ４の用紙に横書きが基本**です。1行の文字数や1ページあたりの行数、文字のフォントやサイズなどは、初期設定のままでよいです（Microsoft社のWordでは、1行40文字×36行で、文字は游明朝の10.5ポイントが初期設定になっています）。これも、とくに指示がある場合にはそれに従ってください。

　ときどき、レポート全体に区切れがなく1段落という学生さんがいるのですが、文章は、ひとまとまりの内容ごとに**段落に区切りましょう**。最低限度、「起承転結」で分けたとしても4段落ぐらいにはなるはずです。

　言うまでもないことですが、**段落の最初は1文字下げる**ことを忘れずに。小学生のときに「原稿用紙の使い方」は学ぶはずですが、ワープロで作成すると横書きになるためか、段落の頭を1文字下げなかったり、あるいは段落と段落の間になぜか空白の行をはさんだりする学生さんがちらほら見受けられます。

　文末は、「だ・である」（**常体**）に**統一**しましょう。レポートや論文など学問的な文章では「です・ます」調はふつうは使いません。

　ときどき、友だちにメールを書くかのような文体でレポートを書く人がいるのですが、きちんとした**「書き言葉」**で書くようにしてください。なお、この本では、「！」や「？」などの記号も使っていますが、レポートや論文で使ってはいけません。(^^; などのいわゆる顔文字や、（笑）などの記号も使ってはいけません。

　分量については、指示された量の8割以上は書くようにしましょう。とくに指示がなければ**Ａ４の用紙で2〜3枚ぐらい**が妥当だと思います（400字詰原稿用紙でおよそ7〜10枚程度の分量です）。Ａ４に半分以下しか書いていなければ、私なら落第させます。

　なお、Ａ４で2〜3枚のレポートであっても、**ページ番号**を振りましょう。Wordの初期設定ではページ番号はついていませんの

で、「挿入」タブをクリックして、その中にある「ページ番号」ボタンをクリックすれば、ページ番号を振ることができます。詳しくは、自分の使っているワープロソフトの使用説明書を見てください。万一、わからなかったら、手書きでもよいから付けておきましょう。

立派な表紙を付けてくれる学生さんもいるのですが、**A4に2～3枚の分量であれば表紙は付けなくてもよい**でしょう。これももちろん、「表紙をつけよ」という指示があればそれに従ってください。

あと、言うまでもないことかもしれませんが、レポートの冒頭（ないし表紙）には、**授業の科目名、レポートのタイトル、自分の名前、所属（学部・学科）、学生番号**を忘れずに書いてください。レポートのタイトルについては、文字サイズを大きめにしましょう。14ポイントぐらいが妥当かと思います。

提出するときには、紙を束ねて**左上をホッチキスで**止めてください。ただし、文学系の授業などで縦書きを指定された場合には右側を止めてください。横書きは左側、縦書きは右側を綴じるのがルールです。なお、クリップは外れるので避けましょう。

レポートの体裁については、この本の最後にサンプルを示しますので参考にしてください。

「はじめに」のまとめ

　前置きが長くなってしまったかもしれませんが、「コピペ」がなぜいけないのか、理解できましたか？　ここまでの要点をまとめておきましょう。

- 「コピペ」や「単なる要約」はカンニングである。
- **情報源を示すことで「盗作」でなく「引用」になる。**
- レポートの目的は、「自分の意見を説得的に表現する方法」を学ぶことである。
- 「よいレポート」を書くためには、練習を重ねることが必要である。

★「コピペ」以前の基本
- ワープロでＡ４の用紙に横書き。
- ひとまとまりの内容ごとに段落に区切る。
- 段落の頭は１文字下げる。
- 「だ・である」調の書き言葉で書く。
- 分量は２〜３枚程度で表紙は不要。
- ページの下にページ番号を振る。
- 科目名、レポートのタイトル、自分の名前と所属と学生番号を忘れずに書く。
- 紙の左上をホッチキス止めして提出する。

※教員からの指示があればそちらを優先。

目 次

はじめに――「コピペ」の蔓延とその原因 i

　　この本の特徴とねらい i

　　　　レポートと就職 iii

　　コピペとは何か iv

　　　　「ホームページ」か「ウェブページ」か？ v

　　コピペ判定ソフト v

　　盗作（ないし剽窃）と引用の違い vi

　　　　コピペと著作権法 viii

　　学生は、なぜコピペしてしまうのか x

　　　　ウィキペディアは使ってはいけない？ xi

　　「コピペ！」と言われないための基本ルール xi

　　コピペ以前の基本 xiii

　「はじめに」のまとめ xvi

ステップ1　「コピペ」と言われない書き方・基礎編 1

ポイント①：情報源は引用と出典で明示する 1

　　基本中の基本 1

　　　　引用が長くなる場合 3

　　文献を要約するには 4

　　「　」と（　）と。の関係 6

　　　　ウィキペディアについて 7

　　情報源（出典）の書き方について：ウェブページの場合 8

ウェブページにタイトルがない場合　10

「注」によって出典を示す場合　12

Word の「脚注機能」を活用しよう　14

「参考文献一覧」によって出典を示す場合　16

なぜ出典を書くことが必要なのか　17

「いわれている」は魔法の言葉　19

「いわれている」と書いてもよい場合　20

「コピペ」と言われない書き方・基礎編のまとめ　23

ステップ2　「コピペ」をしようと思わなくなるための方法　25

ポイント②：複数の情報源を確認する　25

情報源の信頼性の判定　28

ネット情報は「きっかけ」として利用する　29

情報のありそうな場所　30

情報源（出典）の書き方について：文献の場合　32

ハイブリッドカーの虚実　32

本は買った方がよい　36

二重カギかっことイタリック体　37

Word の「引用文献機能」を活用しよう　40

論文を検索しよう　45

引用する理由　46

「トンデモ論文」の判定法　49

ポイント③：反対意見・反対の事例を常に探す　51

ポイント④：「論じるべきこと」を見つける　54

タイトルを付ける　57

「コピペ」をしようと思わなくなるための方法・まとめ　59

ステップ3　「引用」を活用した文章の構成　61

ポイント⑤：「思う」は禁句　61

「思い」と「意見」の違い　64

ポイント⑥：接続詞を入れる　66

「だから」に気をつけろ！　69

ポイント⑦：具体的な結論を出す　72

「引用」を活用した文章の構成・まとめ　77

◆"コピペと言われない書き方"の総まとめ　79

◆電子メールでレポートを提出する　82

◆チェック項目一覧　85
　書き方チェックリスト　87
　できばえチェックリスト　88

◆付録：この本で紹介したお役立ちサイト一覧　91

おわりに──民主主義とレポート　93

装幀──はんペンデザイン　吉名　昌

ステップ1 「コピペ」と言われない書き方・基礎編

ポイント①：情報源は引用と出典で明示する

基本中の基本

具体的な「コピペと言われない書き方」の解説を始めましょう。まず、「はじめに」で取り上げた学生さんのレポートの一節を、もう一度とりあげます。

> ハイブリッド車とは、異なる二つ以上の動力源・エネルギー源を持つ自動車のことで、通常のエンジン車よりも燃費がいいといわれている。

一見するともっともらしいことが書いてありますが、これでは、どこで得た情報なのか、「いわれている」といったって具体的にだれが言っているのか、分かりませんよね。

すでに種明かししたように、この文章はウィキペディアの要約です。先ほどは、「冒頭に〈ウィキペディアによると〉をくっつければよい」というような言い方をしました。たしかに、引用が非常に長くなるような場合には要約してもかまいません。ただし、その場合は、**どこからどこまでが要約なのかがはっきりと分かるようにすること**が大切です。「コピペと著作権法」のコラムで説明した「明

瞭区分性」を満たすことが必要なのです。

> ウィキペディアによると、ハイブリッド車とは異なる二つ以上の動力源・エネルギー源を持つ自動車のことであり、環境負荷の低い実用車として注目されている(**ウィキペディア「ハイブリッドカー -Wikipedia」, http://ja.wikipedia.org/wiki/ハイブリッドカー, 2012/ 8 /20アクセス**)。

　この例では、出典についての表記（太字の部分）が、要約の終わりを示しています。

　ところで、この程度の要約をするのは容易でしょうが、もっと専門的な文献を要約するためには、全体を適切に理解し、それを簡潔に表現するという、けっこう高度な読解力と表現力が必要です。レポートに慣れないうちは、下手に要約するよりは、できるかぎり、原文をそのまま、カギかっこで囲って写したほうがよいでしょう。たとえば以下のように書くとよいでしょう。

> **ウィキペディアによると、**「作動原理または利用するエネルギーのいずれかが異なる複数の動力源をもち、状況に応じて単独あるいは複数の動力源を用いて移動する車両」で、「低速域や軽負荷領域では効率の低いエンジンを停止して、電気モーターのみで走行することによって燃費の改善と、有害排出物の低減が出来る」**という**(ウィキペディア「ハイブリッドカー -Wikipedia」, http://ja.wikipedia.org/wiki/ハイブリッドカー, 2012/ 8 /20アクセス)。

　言うまでもなく重要なのは太字の部分です。ウェブページなどの

情報を利用するときには、**引用部分をカギかっこで示し、かつその情報源（出典）を書いておくこと**（出所表示）が、「コピペ」と言われないために不可欠なのです。

引用が長くなる場合

> ウィキペディアによると、「**作動原理または利用するエネルギーのいずれかが異なる複数の動力源をもち、状況に応じて単独あるいは複数の動力源を用いて移動する車両**」である。

太字部分ぐらいの長さの引用であれば、上の例文のようにカギかっこを付けて本文中に書き込んでもそれほど読みにくくありません。しかし、引用文がもう少し長くて、何行にもわたるような場合には、どこからどこまでが引用なのか、わかりにくくなってしまいます。そういう場合には、本文と引用文との間に1行あけ、引用文全体を2文字ないし3文字ひっこめる（インデントを掛ける）とよいでしょう。下の例文が、そのやり方の例になっています。

> ウィキペディアによると、
>
> 　　作動原理または利用するエネルギーのいずれかが異なる複数の動力源をもち、状況に応じて単独あるいは複数の動力源を用いて移動する車両
>
> である

ただし、通常の期末レポート程度の長さの文章の中に、何行にもわたるような引用文が差し込まれているのは、たとえきちんと出典を示して「引用」の形式を取ったとしても、好ましくありません。「主従関係」がはっきりしている必要があります。引用は自分の意見を根拠づけるための手段ですから、引用ばかり並べるのでなく、意見をしっかりと展開することが大切です。

文献を要約するには

先ほど書いたとおり、専門的な文献を要約するのはなかなか高度な技能です。ですから、レポート初心者は手を出さないほうが無難なのですが、いちおう、「要約の作成方法」についても簡単に触れておきます。

たとえば、私が『認知哲学　心と脳のエピステモロジー』（新曜社、2009）で書いた、デカルトの『省察』の要約は、以下のようなものでした。これは「第1省察」から「第2省察」までの要約で、原文は日本語訳で約20ページあります。

> デカルトは、絶対確実な知識の根拠を探求し、さまざまな知識の確実性を吟味していった。我々は外的世界を知覚していると考えているが、見間違いということがある。知覚された世界のすべてが「見間違い」だという可能性は捨てきれない。また、ひょっとすると我々は単に夢を見ているのかもしれない。夢を見ているとき我々は、目覚めているときと同様の経験をするが、それは心の中だけの現象である。このようにしてデカルトは、身の回りのものにはじまって最後には数学的な知識さえも疑い、最終的に、「絶対確実に存在しているものは私の心のみだ」という結論にいたったのである（『認知哲学』pp. 6-7）。

デカルトの原文については、『デカルト著作集』第二巻（白水社）を見てください。

要約するためには、まず「もとの文章がどのような問題意識で書かれているのか」を理解する必要があります。例文で言えば、「絶

対確実な知識の根拠を探求した」というところです。レポートの中に他の文献の要約を挿入するためには、**レポートの問題意識とその文献の問題意識が一致していること**が必要です。ときどき、もとの文献の文脈を無視して、単に言葉尻をとらえて引用する学生さんがいますが、単なる「言葉の一致」は「問題意識の一致」とは限りません。その言葉がどういう文脈で使われているのか、いつも意識するようにしましょう。

　それから、「その文献は、その問題をどのようなプロセスを経てどのように解決したのか」を把握しなくてはなりません。『省察』について言えば、デカルトが「見間違い」「夢」「数学」の順で検討していき、最終的に「われ思う、ゆえにわれあり」という結論に至る、という流れをざっくりと把握するのです。

　実際に要約を作成するときには、要約したい文章をまず全部読み、上記のように主旨を把握したうえで、**原文を見ないで書いてみ**ます。原文を見ながら、適当に目についた文章をピックアップしてつなぎ合わせたのでは、それこそ「コピペのパッチワーク」です。書いた後に、原文の主旨どおりかどうかを、読み比べて確認し、不適切だと判断したら、またしても原文を見ないで書きなおしてみます。

　こうした作業の結果できあがった要約であれば、たとえば指導教員から「数学的知識を疑うって、できないんじゃないの？　どうやって疑うの？」などとツッコミが入ったとしても、落ち着いて「デカルトは〈欺く神〉を想定し、私が「2＋3は」などと思うたびに、欺く神が、本当は5ではないのに5だと錯覚させているのではないか、と論じるんですよ。さすがにむちゃくちゃですよね」などと、**原文を見ないで説明する**ことができるはずです。自分の書いた要約について、何も見ないでペラペラと説明ができないようで

は、「原文を理解したうえで自分で書いた」とは言えません。

　ここまでの説明で「ちょっとムリ」と思った方は、さしあたりは原文を「　」でくくって引用するという方法を採用してレポートを作成し、今後、卒論を書くときなどのために練習しておいてください。大学ではおそらく「卒論ゼミ」などの授業があると思います。そういう場で指導してもらえるはずです。

「　」と（　）と。の関係

> 「……有害排出物の低減が出来る」という（ウィキペディア「ハイブリッドカー -Wikipedia」, http://ja.wikipedia.org/wiki/ハイブリッドカー, 2012/ 8 /20アクセス）

　クイズです。句点（丸）は、この例文のどこに打てばよいでしょうか？

　おわかりですね。一番最後です。この例文ではカギかっこの後ろにいろいろくっついていますが、それらがくっついていない場合も同じです。一番最後に打ってください。

> 「……有害排出物の低減が出来る」（ウィキペディア「ハイブリッドカー -Wikipedia」, http://ja.wikipedia.org/wiki/ ハイブリッドカー, 2012/ 8 /20アクセス）。
> 　　　　　　　　　　　　　　　　　⇧

> 「……有害排出物の低減が出来る」。
> 　　　　　　　　　　　　　　⇧

　理由は、カギかっこの手前に丸を打つと見にくいからです。「減

点対象！」というほどのことではないのですが、読んでいてカクンカクンとなってしまうので印象が悪くなります。

×「……有害排出物の低減が出来る。」という。

もちろん、カギかっこの中に複数の文が入っている場合には、途中の丸はちゃんと打ってください。

ウィキペディアによると「ハイブリッド車とは複数の動力源を持つ車である。有害排出物の低減が出来る」という。

（途中の丸はちゃんと打つ）　（最後の丸はここ）

ウィキペディアについて

先ほど書いたように、「ウィキペディアは使ってはいけない」ということは学生の間にけっこう浸透しています。近年、だいぶ改善されてきていますが、やはりウィキペディアの記事は、信頼性の疑われる記述を含むことがあります。なので、ここで私がウィキペディアを平気で使っていることに驚かれた方もいるかもしれません。

しかし、信頼性を言えば、ウィキペディアに限らず、どんな優秀な学者が書いた文献であっても、まちがっていることはあります（秘密ですが、私も著作に間違ったことを書いてしまったことがあります）。

ですから私は、「ウィキペディアは信頼性がないから使うな」という指示は不適切であると考えています。まず大切なことは、ウィキペディアであれ何であれ、**情報源（出典）を明示する**ことです。

インターネット情報の信頼性や活用法については、この後も何度か取り上げます。

情報源（出典）の書き方について：ウェブページの場合

　ところで、情報源（出典）はどのようにして示せばよいでしょうか。先ほどは、

> ウィキペディア「ハイブリッドカー -Wikipedia」, http://ja.wikipedia.org/wiki/ハイブリッドカー, 2012/8/20アクセス

と書きました。ポイントは、まず**そのウェブページの制作者**を書き、そのあとに**ページのタイトル**、それから URL を示し、最後に**そのページを見た日付**を書くということです。最低限度、この4つの情報を書いておく必要があります。

　URL というのは要するに、そのページのインターネット上での「住所」に相当するものです。ブラウザ（インターネットを閲覧するためのソフト）の上の方に表示される、「http://」という記号で始まるアレです。

　学生に「出典を書きなさい」と言うと、この URL だけ書く人が多いのですが、これだけでは困ります。そのページの制作者やタイトルも記載しておきましょう。ページのタイトルについては、多くのブラウザでは、URL の横に表示されています。

　制作者は通常、そのサイトのトップページを見れば分かります。もちろん、匿名のページであればはっきりしませんが、制作者の不明なページは引用してはいけません。**制作者をチェックすること**は、信用できるページかどうかを判定するための第一歩でもあります。

　代表的なブラウザである Microsoft 社の「インターネット・エクスプローラー」で、ウィキペディアの「ハイブリッドカー」の項目

を見た場合、以下のようになっています。

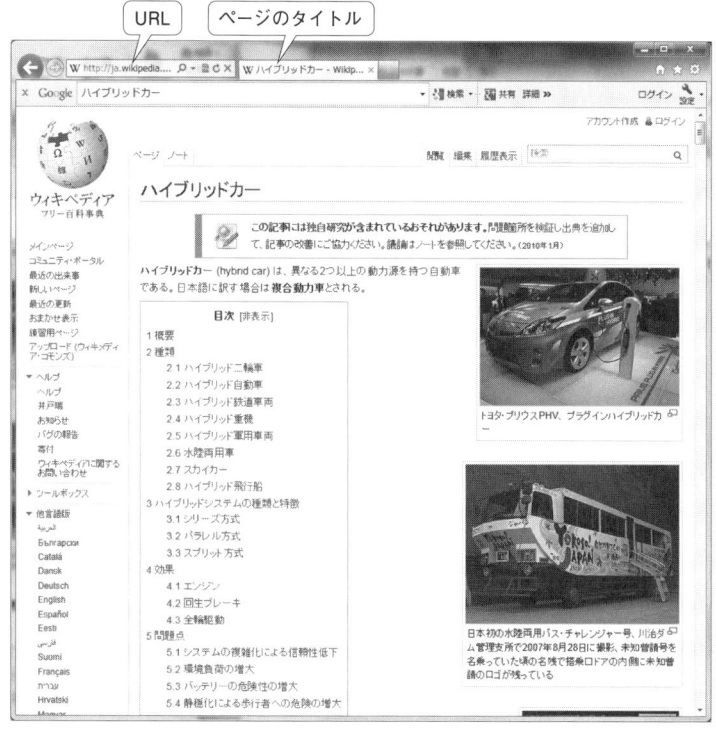

日付についてですが、一般にウェブページは日々、書き換えられていきます。とくにウィキペディアはかなりな頻度で更新されているようです。あなたが見たときと、レポートを受け取った教員がチェックしたときとでは、内容が変わっているかもしれません。それでトラブルにならないように、見た日付を書いておくということです。

ウェブページにタイトルがない場合

　参考にしたのがインターネットに公開された PDF ファイル（Adobe という会社が開発した電子文書の一形式）などであった場合、ブラウザの「ページのタイトル」のところには、そのファイルの名称ではなく、そのサイトのトップページの URL（の一部）が表示されます。ページの作成者が、ページのタイトルを付けなかった場合も同様です。

　学者が自分の論文をインターネットに公開したり、官公庁が資料を公開したり、あるいは著作権の切れた古い論文を研究機関などが公開する場合に、PDF ファイルを利用することが多いです。

　そういう場合には、ページのタイトルの代わりに、参照した PDF ファイル自身に記載されているタイトル（論文や資料のタイトル）を書いておくとよいでしょう。次頁右上のような場合には、タイトルを「自動車統計月報」として、そのあとに巻号と発行年（Vol.46, No.6，2012年9月）、それから URL（http://www.jama.or.jp/stats/m_report/pdf/2012_09.pdf）を書いておきましょう。もちろん、閲覧年月日も忘れずに。

　なお、この資料の制作者は、ページの下の方に「一般社団法人日本自動車工業会」と書いてあるので分かります。というわけで、ここで挙げた資料については、たとえば

> 一般社団法人日本自動車工業会「自動車統計月報」Vol.46, No.6，2012年9月，http://www.jama.or.jp/stats/m_report/pdf/2012_09.pdf, 2012年10月1日アクセス．

という形で記載するのがよいでしょう。

　ここでは PDF ファイルの場合について説明しましたが、通常のページ（html 文書）の場合でも、制作者がタイトルを付けていないことが、ときどきあります。公的な機関やある程度規模の大きな企業などではウェブサイトは専門業者が作っていますから、そういう

ことはほとんどありませんが、学者などが個人で作成しているページでは、ページにタイトルを付け忘れることがあるようです。そうした場合にも、そのページの本文中にタイトルが書いてあればそれを記載しましょう。制作者を確認することも忘れずに。

「注」によって出典を示す場合

先ほどの例では、出典をレポート本文に差し込む形式で書きました。最近は URL に日本語を使えるようになったので、ウィキペディアの項目「ハイブリッドカー」の URL は「http://ja.wikipedia.org/wiki/ハイブリッドカー」と比較的短くて済んでいるのですが、ときに URL が非常に長い場合もあります。

たとえば、Google や Yahoo などの検索サイトでウィキペディアの「ハイブリッドカー」の項目を見つけて、そこをクリックすれば、同じページに移動することができますが、そのようにした場合、ブラウザの URL 欄には

> http://ja.wikipedia.org/wiki/%E3%83%8F%E3%82%A4%E3%83%96%E3%83%AA%E3%83%83%E3%83%89%E3%82%AB%E%83%BC

と記載されているはずです(なぜそうなるのか、詳しい説明は省きます)。もしこれをレポートの本文中に差し込むと、

> ウィキペディアによると、ハイブリッド車とは異なる二つ以上の動力源・エネルギー源を持つ自動車のことであり、環境負荷の低い実用車として注目されている(ウィキペディア「ハイブリッドカー-Wikipedia」, http://ja.wikipedia.org/wiki/%E3%83%8F%E3%82%A4%E3%83%96%E3%83%AA%E3%83%83%E3%83%89%E3%82%AB%E3%83%BC, 2012/8/20アクセス)。

などと、たいへん読みにくいことになってしまいます。

　そうした場合には、本文中には「¹」や「⁽¹⁾」などの「注」の記号を付け、レポートの末尾に出典を書いておくとよいでしょう。

　たとえば、以下のようにします。

> ウィキペディアによると、ハイブリッド車とは異なる二つ以上の動力源・エネルギー源を持つ自動車のことであり、環境負荷の低い実用車として注目されている¹。

（ここに注目）

そしてレポートの末尾かそのページの下に「注」という欄を作り、出典を示します。このような感じです。

> 1　ウィキペディアの項目「ハイブリッドカー」による（「ハイブリッドカー -Wikipedia」, http://ja.wikipedia.org/wiki/%E3%83%8F%E3%82%A4%E3%83%96%E3%83%AA%E3%83%83%E3%83%89%E3%82%AB%E3%83%BC, 2012/8/20アクセス）。

　なお、注を付けるには、ワープロソフトの脚注機能を利用すると便利です。

Wordの「脚注機能」を活用しよう

　注は、出典を示すだけではなく、本文に関する補足情報を記載したりするためにも利用します。「論文」には注がついているものです。みなさんも勉強していく中で、学者の書いた論文を読み、注にどんなことが書いてあるか、注目してみてください。卒論などを書くときには、自分でも本文に注を付けるようにしましょう。

　ところで、注を作成するのは意外と面倒です。手作業で本文に番号を振り、それに対応する内容を文末やページの下に書いていくと、推敲していく過程で注が増えるたびに番号を振りなおしていかなくてはなりません。そこでお勧めなのが、ワープロソフトに注を付けてもらう方法です。ここでは代表的なワープロソフトであるMicrosoft社のWord（2010）を取り上げて説明します（最新版のWordでも基本的に変更はありません）。

　まず、Wordを立ち上げてみましょう。画面の上の方に、「ファイル」「ホーム」「挿入」などのタブが並んでいます。その中で、「参考資料」のタブを一回クリックしましょう（図の①）。

　注には、ページの下に付ける「脚注」と、論文（レポート）の末尾に付ける「文末脚注」という二つのやり方があります。どちらでもよいのですが、一つの論文（レポート）の中ではどちらかに統一してください。また、注の付け方について教員から指示があればそれに従ってください。

　さて、本文の、注を入れたい部分にカーソルを合わせてから、「脚注の挿入」もしくは「文末脚注の挿入」をクリックします（図の②）。そうすると、カーソルのある場所に「¹」や「⁽¹⁾」などの数字が振られ、ページの末尾（脚注の場合）か文書の末尾（文末脚注の場合）に注を書くためのスペースが開きます。そこに出典の情報なり、本文に対する補足情報などを書き込みましょう（図の③）。

　推敲する過程で文の順序を入れ替えたり、新しい注を付けたりした場合には、ソフトが自動的に番号を振りなおしてくれます。

　脚注の形式などを変更するためには、「脚注」と書いてある場所

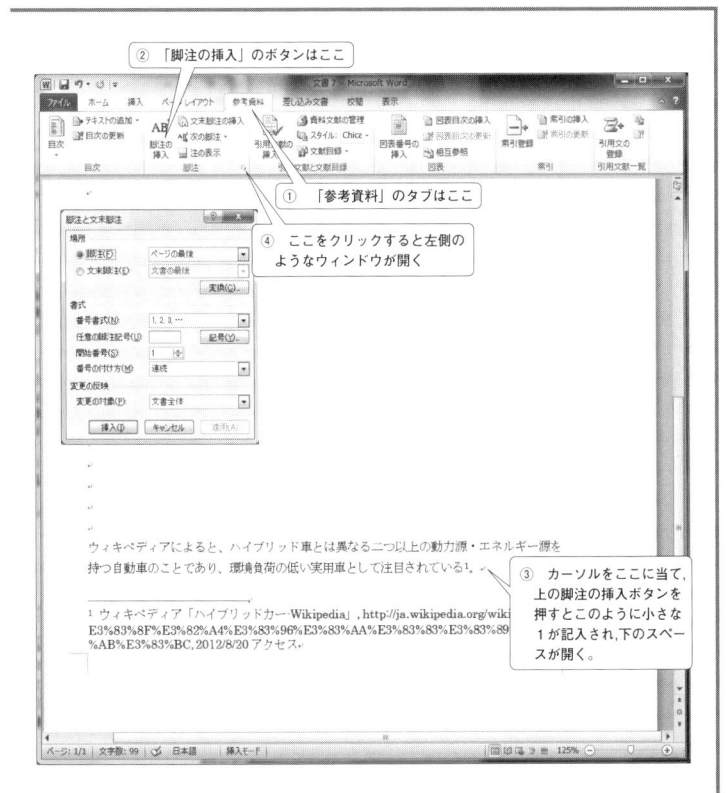

> ② 「脚注の挿入」のボタンはここ
>
> ① 「参考資料」のタブはここ
>
> ④ ここをクリックすると左側のようなウィンドウが開く
>
> ③ カーソルをここに当て、上の脚注の挿入ボタンを押すとこのように小さな1が記入され、下のスペースが開く。

の右下にある小さな矢印をクリックすると、「脚注と文末脚注」というウインドウが開きますので、適当に修正してください(図の④)。

「参考文献一覧」によって出典を示す場合

　情報源（出典）となるウェブページを示すために必要な情報は、先の４点（ページの制作者、タイトル、URL、閲覧の日付）ですが、その書き方には、いくつかの形式があります。ここまでに見たのは、①本文中にカッコ書きで差し込む、②レポートの末尾かページの下に「注」の欄を設け、その中に記載する、という二つのやり方でした。三つ目として、レポートの末尾に「参考文献・ウェブサイト一覧」という欄を設け、出典の情報はそこに書いておく、という方法があります。この場合、本文中の引用箇所には**出典を示す簡略な表記**をはさんでおきます。

> ウィキペディアによると、ハイブリッド車とは異なる二つ以上の動力源・エネルギー源を持つ自動車のことであり、環境負荷の低い実用車として注目されている（**ウィキペディア「ハイブリッドカー」による**）。

　それで、レポートの末尾に「参考文献・ウェブサイト一覧」という欄を作り、

> １）ウィキペディア「ハイブリッドカー -Wikipedia」, http://ja.wikipedia.org/wiki/%E３%83%８F%E３%82%A４%E３%83%96%E３%83%AA%E３%83%83%E３%83%89%E３%82%AB%E３%83%BC, 2012/ 8 /20アクセス.

などと記載しておくとよいでしょう。
　なお、「１）」という番号を振っていますが、通常、レポートを書

くにあたって参考にした文献やウェブページは複数あるはずです。制作者の名前の50音順、ないしアルファベット順に並べて、一つ目から順番に番号を振っておきましょう。

「参考文献・ウェブサイト一覧」(長いので、以下では「文献一覧」と呼びます) の書き方については後でも取り上げます。

ここまでで、出典の書き方を三つ示しました。①本文中に差し込む、②注に書く、③文献一覧に書く、というやり方です。重要なことは、出典についての情報を明記するということなので、これら三つのどの方法でもよいのですが、レポートの中では**どれか一つに統一**してください。

どれがお勧めかと言われれば、③文献一覧を用いたやり方です。なぜなら、本格的な論文であれば引用箇所に出典を表記するだけでなく、文献一覧も必ず付けなくてはなりません。レポートでも付けた方がよいです。そうすると、本文や注の中に、文献一覧に記載されたのと同じ情報が重複して書かれることになってしまいます。それは無駄だからです。

なぜ出典を書くことが必要なのか

ここまで、引用の「カギかっこ」や「出典の記載」の重要性を説明してきました。しかし、なぜ出典を記載することが重要なのでしょうか?

「コピペと言われないためです!」というのはもちろん正解です。しかし、それだけではありません。あと二つ、重要な理由があります。一つは、みなさんがレポートに書いている主張が、単なる個人的な思いつきでなく、**根拠のある意見**であることを示すため。

もう一つは、読者（レポートの場合は採点する教員）がその**情報源を確認**できるようにしておくためです。

　この二つの理由から、みなさんがどのようなものを引用すべきか、出典をどのように記載すべきか、ということの基本方針が導き出されます。すなわち、引用すべきは主張の根拠となりうるような客観的なデータである。出典の記載は、読者がその資料にすみやかにたどりつけるような形にしておくべきである。この二点です。

　先に説明した「ページの制作者、タイトル、URL、閲覧の日付」という4点を記載することは、読者がそのページにすみやかにたどりつくために必要な情報なのです。

　少し前に、「出典を書けというとURLだけ書く学生がいて困る」と書きました。なぜ「困る」のかというと、ウェブページを開くためにそのURLをいちいちブラウザに手入力しなくてはならないからです。「E 3 %83% 8 F%E 3 %82%A 4 %E 3 %83%96% E 3 %83%AA%E 3 %83%83%E 3 %83%89%E 3 %82%AB%E 3 %83%BC」などという記号列を一つもまちがえずに入力できるほどの集中力と手先の器用さを持ち合わせている大学教員は、そうそういないと思います。これでは「そのページにすみやかにたどりつく」ことができません。

　何かを学ぶときには、形式ではなく、そうすることの理由や目的を押さえてほしいと思います。書き方などで迷った時にどうすればよいか、何が重要で何が重要でないかは、本質的な目的を理解していればおのずと明らかになってくるはずです。

「いわれている」は魔法の言葉

　ここで少し話題を変えて、「文章の書き方の注意」を一つしてお

きます。

　この章の最初に取り上げたレポートの一節は、カギかっこも出典も書いていないにもかかわらず、「もっともらしい」と思えてしまいました。それはなぜでしょうか。もういちど見てみましょう。

> ハイブリッド車とは、異なる二つ以上の動力源・エネルギー源を持つ自動車のことで、通常のエンジン車よりも燃費がいいといわれている。

　お気づきでしょうか。秘密は、文末の「いわれている」という言葉にあります。これは自分がよく知らないことや調べていないことについて書いても気にならなくさせてしまう「魔法の言葉」、はっきり言えば「ごまかしの言葉」なのです。

　類似の言葉に「考えられている」、より悪質な言葉に「〜だそうだ」「〜と聞いたことがある」などがあります。私の経験からすると、学生さんが「聞いたことがある」として書いているようなことは、たいていの場合、間違っています。こうした言葉でごまかさずにきちんと調べ、レポートでは「**〜によると、○○である**」と明言するようにしましょう。

　また、「いわれている」などの受身表現には、主語を書かずにすませられるという、もう一つの「ごまかし効果」があります。たとえば、「2010年度、世界のハイブリッドカーの90％が日本で**生産された**」と書けば、「誰が生産したのか」を書かずにすませてしまうことができます（この程度のことであれば、少し自動車のことを知っている人ならすぐに「トヨタとホンダだ」と分かるでしょうけれども）。

　「いわれている」という表現は、この「主語ごまかし効果」に

ステップ1　「コピペ」と言われない書き方・基礎編

よって「言っているのは誰か」をごまかすことで、みなさんを、出典を書かなくても気にならなくさせる魔法にかけてしまうのです。

というわけで、レポートでは「いわれている」と書くのは避け、誰が言っているのかを明示しましょう。「いわれている」だけでなく、受身表現全般を避けた方がよいです。

なお、「〜だそうだ」や「〜と聞いたことがある」は絶対禁止です。レポートを採点する立場から言うと、いちばん印象が悪いのは「手抜き」と「ごまかし」です。ちゃんと調べもしないでいい加減なことを（しかもエラそうに）書いているレポートには、はっきり言って腹が立ちます。そして、「〜だそうだ」や「〜と聞いたことがある」などの言い方は、あなたがレポートにまじめに取り組んでいないことの証拠なのです。ちゃんと調べるようにしましょう。

「いわれている」と書いてもよい場合

「いわれている」は避けて、「〜だそうだ」は絶対禁止、と言いました。「いわれている」と書いても、まあ許容範囲、という場合はあります。たとえば、「ハイブリッドカーは燃費がいいといわれている」など、本当に一般の人がそう考えていると思われるような事柄の場合です。とくに、そうした一般常識を批判的に検討する場合には、「いわれている」と書いてもかまいません。たとえば、

> 一般にハイブリッドカーは燃費がいいといわれている。しかし、本当にそうだろうか。

といった展開をする場合には許容範囲です。

とはいえ、車のカタログ上の燃費を調べるのはたいした手間ではありませんし、「燃費がいい」といっても具体的にどれぐらいよいのかを確認したほうがよいですから、調べておきましょう。

> 一般に、ハイブリッド車は通常のエンジン車よりも燃費がいいといわれている。たとえば、代表的なハイブリッド車であるトヨタ「プリウス」の燃費は、トヨタのウェブサイトによると38km/lで、これは排気量が同じ1.8リットルのカローラの燃費16.8km/lの約2倍である[1]。

---

1 トヨタ自動車「toyota.jp プリウス」, http://toyota.jp/sp/zeisei/ car/06prius.html, 2011/6/20アクセス. トヨタ自動車「toyota.jp カローラフィールダー」, http://toyota.jp/corollafielder/index.html, 2012/10/11アクセス.

ところで、「〈いわれている〉と書いてもよい場合もある」と言うと、「書いてよい場合の基準はなんですか」と質問する学生さんが必ず出てきます。ここで書いたように、①本当に一般の人がそう考えていると思われる場合であって、②批判的検討の対象とする場合、ということが一定の基準にはなります。①のほうはあいまいですが、少なくとも②のほうは明確です。ですので、自分の主張の根拠になる部分で「いわれている」を使ってはなりません。たとえば、

> ハイブリッドカーは環境対策の決め手になる。なぜなら、ハイブリッドカーは燃費がいいといわれているからだ。

というのは不可です。

そうはいっても、とくに①の点について、ふつうの学生さんが的確に判断することは少々難しいでしょう。

もちろん、まともな学者であれば、そうした判断は容易に下せるのですが、その場合、書いてよい場合、いけない場合の境界を明確

に定義して判断しているわけではなく、長年の研究生活で身に付いた「直観的な判断力」とでもいうべきものによって判断しています。比喩的に言えば、「自転車の乗り方」を言葉で伝えることは難しく、よしんば言葉で説明したとしても、それで自転車に乗れない人が即座に乗れるようになったりしないのと同様です。

　そういう「直観的な判断力」が身につくまでは、練習を兼ねて、「いわれている」というような受身表現は一律にやめたほうがよいでしょう。右利きの星飛雄馬があえて左手だけでお箸を使って「大リーグボール」の練習をしたようなものです（少し古いか）。

「コピペ」と言われない書き方・基礎編のまとめ

ポイント①：情報源は引用と出典で明示する。

- 引用部分をカギかっこで示し、その情報源（出典）を書く。
- 情報源を要約して利用する場合には、どこからどこまでが要約なのかがはっきり分かるように書く。
- レポートの大部分が引用でできているのはダメ。

★出典を示すために記載すべき情報

- ウェブページを示すために不可欠の情報は、①ページの制作者、②タイトル、③URL、④閲覧日。
- 出典の書き方には、①本文中に差し込む、②注に書く、③文献一覧表に書く、という3つのやり方がある。ただし、どれか一つに統一すること。

★表現上の注意

- 「いわれている」は避け、「言っているのは誰か」をきちんと調べる。
- 「～だそうだ」「～と聞いたことがある」は絶対禁止。

ステップ2 「コピペ」をしようと思わなくなるための方法

ポイント②：複数の情報源を確認する

「はじめに」で、なぜ多くの学生がコピペ・レポート、ないし単なる要約レポートを書いてしまうのかという点について、「調べてきた〈正解〉を発表すれば褒められてきたから」という仮説を書きました。これはコピペの蔓延の背景についての仮説です。

ここでもう一つ、多くの学生がコピペや要約で満足してしまうことの直接的な理由を述べたいと思います。それは、「情報源を一つしか調べないから」ということです。

レポート課題を与えると、多くの学生は、インターネットでその課題の言葉を検索し、ヒットしたおそらく数百とか、ひょっとすると数万件にも上るであろうウェブページのうち、上位に表示されたものをざっと見て、授業の課題に一番関連がありそうだと思ったページのみを参照するようです。

「課題についての〈正解〉を探す」という発想で検索していますから、複数のウェブページの内容を比較検討しようとは思わないのです（あるいは単に省力化を図っているだけなのかもしれませんが、私は基本的に「学生性善説」にもとづいて授業をしていますし、この本も書いています）。

一つの情報源を見ると、その中で一貫した内容が書かれています。たとえば一つのウェブページの記事の中で、「ハイブリッド

カーは環境に良い」ということと「環境に悪い」ということが同時に書かれている、ということはありません。しかしこれは、客観的に見てハイブリッドカーは環境に良い、ということではなく、単にそのページを作成した人がそう思っているだけ、という可能性があります。

　もう少し分かりやすい例を挙げてみましょう。たとえば、「原子力発電所を増設すべきだ」という意見を持っている人や団体が作ったウェブページを見れば、当然、「原子力発電所はよいものだ」という視点で一貫して書かれています。しかし、みなさんご存じのとおり、原子力発電所に反対する立場の人は大勢おり、そうした立場の人たちが作ったページでは、原子力発電所のデメリットが列挙されていることでしょう。

　「原子力発電所について意見を述べなさい」というレポート課題に答えるために、電力会社や経済団体の作ったページだけを見れば、「なるほど、原子力発電所はよいものだ」と考えて、そのページを単に要約したり、あるいはコピペしたりしてしまうかもしれません。あるいは、「原子力発電所に反対」というページだけを見たら、単にそのページを要約したり、コピペしたりするだけで「正解を得られた」と安心してしまうことでしょう。

　しかし、両方の立場のページを見たら、どうでしょうか。単に要約することはできません。「原子力発電所は良く、かつ悪い」ということは矛盾していますから。そこで、「じゃあ、実際のところ、どうなんだろう」という問いが生まれ、「さらに調べてみよう」という動機が生まれます。

　ハイブリッドカーについても同様です。ためしに、Google の検索ページを使って、「ハイブリッドカー　環境　CO_2」などのキーワードで検索してみました（次頁図）。

ハイブリッドカーについての説明のページに並んで、「本当にエコなのか」などのページが目につきます。そうしたページを見てみれば、「ハイブリッドカーは実は環境に悪い」ということが書かれているかもしれません。

　要するに、何かを調べるときには**複数の情報源を確認する**ことが大切、ということです。複数の情報源を参照すれば、同じ事柄について矛盾する点が見つかり、単に要約したりコピペしたりするだけではすまなくなってしまうのです。これは、議論が一面的・一方的になってしまわないためにも重要なことです。

情報源の信頼性の判定

　レポート課題が「ハイブリッドカーは環境に良いか」というものであった場合、検索して図のような結果が出れば、上から二つ目の「ハイブリッドカーは本当にエコなのか　―自然環境問題―　教えて！goo」というページに飛びつく学生さんがいることでしょう（というより、ほとんどの学生さんが飛びつくのではないかと思います）。

　このページは「教えて！goo」というサービスのページで、日常の様々な疑問について、インターネットを通じて質問をすると、そのことについて知っている誰かが答えてくれる、というものです。類似のものに「Yahoo 知恵袋」などがあります。

　「〈教えて！goo〉や〈Yahoo 知恵袋〉は見るな！」とは言いません。むしろ、さまざまな意見を知るきっかけとして、見たらいいと思います。ただし、そのまま引用したり、ましてやコピペしたりするのはやめましょう。

　なぜか。一つには、誰が答えたのか分からない、匿名の回答だからです。これは誰にでも分かる、ウェブページの信頼性を判定する基準でしょう。ウィキペディアも匿名で書かれていますから、「ウィキペディアを使うな！」という指導にも、それなりの根拠があります。**制作者の不明なページは見てもよいが引用はしない**というのは基本的なルールと言ってよいでしょう。「制作者」は出典を表記するときにも必要な情報です。みなさんもウェブページを見るときに誰が書いたのかを必ずチェックする習慣を身に付けてください。

　もう一つ、実はもっと重要な信頼性を判定する基準があります。それは、みなさんがレポートを書くときと同様で、**情報源（出典）が明記されているかどうか**です。

　ウィキペディアの記事の冒頭に、「この記事には独自研究が含ま

れているおそれがあります。問題個所を検証し出典を追加して記事の改善にご協力ください」と書いてある場合があります。要するに、「この記事は出典を明示していないから信頼性に乏しい」という警告です。9ページで取り上げた、「ハイブリッドカー」の項目にこの警告が付いていることに、みなさんは気づきましたか？

たとえば、「ハイブリッドカーは本当にエコなのか」というページに、「生産から廃棄までのトータルで考えると、ハイブリッドカーは環境によくない」と書いてあったとしましょう。もしこれだけ書いてあって、その根拠となる情報源が書かれていないならば、この記述は決して引用してはなりません。

他方、もし根拠となる情報源が書かれていた場合には、その**情報源の方を参照**しましょう。たとえば、ハイブリッドカーを生産し、運用し、廃棄するのにどれぐらいのエネルギーが必要なのか、ということを通常のエンジン車と比較して実証的に示すデータがあれば、「生産から廃棄までトータルで考えると、ハイブリッドカーは環境によくない」かどうかが、客観的に判定できます。

教訓！
- **出典の書かれていない情報は信用しない。**
- **出典が書かれていたら、その出典の方を参照する。**

ネット情報は「きっかけ」として利用する

大学教員のなかには、「ウィキペディアを使ってはいけない！」とか、「〈教えて！ goo〉は見てもいけない！」というような指導をする方もおられるかもしれません。しかし私は、**ウェブページは調査のきっかけとして利用するのがよい**と指導しています。

分からないこと、調べたいことがあればインターネットを検索するという行動は、若い世代ではかなり一般化しています。スマートフォン（多機能携帯電話）などを利用することで、いつでもどこでもネット検索することができるようになっています。検索することで、世の中にはさまざまな事実や意見や物の見方が存在するということを知るのは、決して悪いことではありません。

　ただし、レポートなど少々学問的なものを書こうとするときには、インターネットで拾ってきた、誰の意見か分からない、事実かどうかも分からないことを引用するのは不適切です。

　そこで、みなさんに実践してほしいことは、インターネットで「根拠を書いていないが興味深い意見」を見つけたら、それを**根拠づけるような情報源をさらに探す**ということです。たとえばどこかのページに「生産から廃棄までのトータルで考えると、ハイブリッドカーは環境によくない」とだけ書いてあるのを見つけたら、それを鵜呑みにしてコピペするのではなく、「生産から廃棄までのハイブリッドカーの環境負荷（CO_2やその他の有害物の発生量、生産に必要なエネルギーの量など）についてのデータ」を探すようにしてください。

　このように、インターネットで得た、本当かウソかはっきりしない情報をきっかけとして、より確実な情報へと探求を進めることが大切です。

情報のありそうな場所

　たとえば、自動車の生産にかかわる環境負荷についてのデータは、どこを探せば見つかるでしょうか？　もちろん、自動車メーカー自身が「環境への取り組み努力の広報」などの目的でデータを公開しているかもしれません。ただ、メーカーは自分たちに都合の

悪い情報を公開したがらないものだ、ということを念頭に置いておいた方がよいでしょう。

では、その他の場所で、データのありそうなところはどこでしょうか？　一つの答えは、国土交通省や環境省などの政府機関が行っている調査報告です。自動車の燃費については、環境省「自動車燃費一覧」(http://www.mlit.go.jp/jidosha/jidosha_mn10_000002.html)を見てください。政府は、産業や経済のみならず、犯罪や病気、労働や教育など、国民生活にかかわるほとんどすべての事柄について調査し、その結果を公開しています。

たとえば、総務省統計局では、国勢調査をはじめ、さまざまな統計調査を行っています。一覧が「統計局ホームページ／統計一覧」(http://www.stat.go.jp/data/guide/1.htm)に示されています。

犯罪や自殺についての資料は、警察庁のページにあります（「統計／警察庁」, http://www.npa.go.jp/toukei/index.htm）。

健康と病気については、厚生労働省が管轄しています（「各種統計調査—厚生労働省」, http://www.mhlw.go.jp/toukei_hakusho/toukei/index.html）。

「少年犯罪が増加している」とか「児童虐待が深刻化している」などの俗説をレポートに書きつける前に、実際にどれぐらいの発生件数があるのかを確認するようにしましょう。

ここでは、私が愛用している政府関連の統計情報ページの URL を示していますが、いちいち URL を打ち込んだりしなくても、関連のありそうな**役所名と「統計」**というキーワードで**検索**すれば、各省庁の統計情報公開ページにたどり着けるはずです。たとえば、「文部科学省」と「統計」をキーワードに Google で検索すれば、最上位に「統計情報：文部科学省」のページが表示されます（http://www.mext.go.jp/b_menu/toukei/main_b8.htm）。

情報源（出典）の書き方について：文献の場合

　「出典が書かれていたら、その出典の方を参照する」というポイントを実践してみましょう。最近は、出典となるデータや論文の本体が、インターネットで見つかることも多いです。しかし、出典として文献（書物）が参照されていた場合には、パソコンの前を離れて、本屋か図書館に行かなくてはなりません。そして、その本を実際に手にとって読んでみてください。

　たとえばどこかのウェブページに、「『ハイブリッドカーの虚実』という本によれば、生産から廃棄までのトータルで考えると、ハイブリッドカーは環境によくない」と書いてあったとしたら、その本を入手して、引用はその本自身からするようにしましょう。

　「いちいち本を読まなくても、出典が書いてあるウェブページだから信用できるんでしょう？　そのまま引用したらいいんじゃないの？」と思うかもしれません。そういうやり方を、俗に「孫引き」と言います。これがよろしくないのは、ウェブページの作者が、その本の内容を正確に理解してまとめているという保証がないからです。要約するためには高度な技能が必要だということを思い出してください。

ハイブリッドカーの虚実

　ここで「引用」した『ハイブリッドカーの虚実』という本は実在しません。レポートの書き方を説明するために作ったフィクションです。間違っても「孫引き」したりしないようにしてください。

　ところで、本当に「生産から廃棄までのトータルで考えると、ハイブリッドカーは環境によくない」のでしょうか？　データを探してみましょう。トヨタ自動車が、生産から廃棄までの大気汚染物質

の排出について検証した表がありました*。車を10年10万キロ使用すると仮定して、代表的なハイブリッドカーであるプリウス（2代目：2003-11年製造）と、「プリウスに近いサイズのガソリン車」（車種不明・排気量2リットル）とを比較したものです。

> *「表がありました」と過去形なのは、実は、この本を書くために改めて開こうとしたところ、すでにインターネット上から削除されたようで、見つかりませんでした。ここではかつて私が講義で使うために保存していた画像を再利用しています。

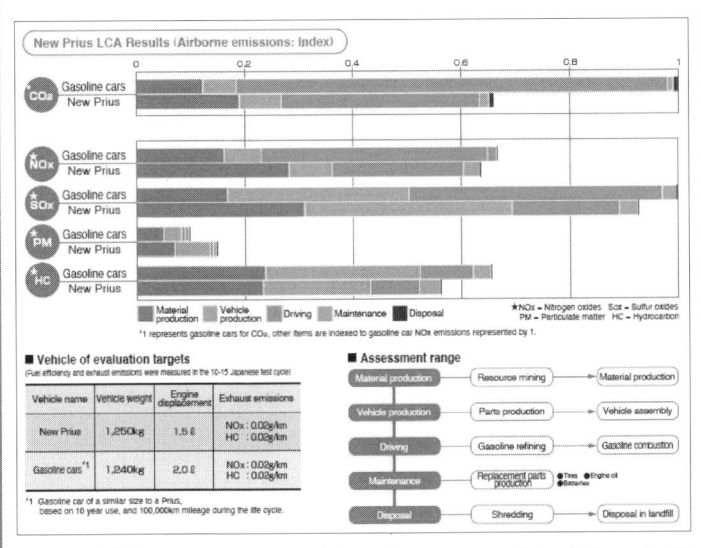

トヨタ自動車 "Prius Green Report". http://www.toyota.co.jp/en/k_forum/tenji/pdf/pgr_e.pdf. 現在は存在しないページ.

これを見ると、CO_2、NO_X（窒素酸化物）、SO_X（イオウ酸化物）などの汚染物質の排出量は、「素材の生産」の部分でプリウスのほうがガソリン車よりもかなり多いと言えます。CO_2については、走行中の排出がプリウスの方が少ないために、10年10万キロという使用期間のトータルとしてはプリウスの方がガソリン車よりもずいぶん少ないようですが、NO_XとSO_Xについてはプリウスとガソリン車の差はそれほど大きくなく、PM（粒子状物質）はトータルでプリ

ウスの方が多い、という結果になっています。
　この表からは、「10年10万キロ乗れば」プリウスの方がおおむね環境によい、ということは言えるでしょう。しかし、そんなに乗らないのであれば、かえってプリウスの方がよろしくない場合がある、ということも言えます。
　ついでに言うと、この表で比較対象とされたのは「プリウスに近いサイズのガソリン車」ですが、プリウスよりも小型で軽量、小排気量の車種と比較すれば、トータル的に見てもそちらのほうが「環境によい」という可能性がありそうです。

　文献（書物）を引用する場合の出典の書き方について説明しておきましょう。出典を指定するために必要な情報は、ウェブページの場合には①制作者、②タイトル、③ URL、④閲覧年月日、の4点でした。文献の場合も基本的に同様ですが、③の URL の代わりに**出版社**、④の閲覧年月日の代わりに**出版年**を記載しましょう。そして、文献の場合はもう一つ、⑤**引用文の書いてあるページ**、も書いておいてください。
　どこに書くか、という形式には3種類ありました。つまり、①本文中に差し込む、②注に書く、③文献一覧で示す、の三つです。これは文献の場合も同様です。
　それぞれ例文を書いてみます。

①本文中に差し込む場合

　『ハイブリッドカーの虚実』という本によると、「ハイブリッドカーの製造時には、通常の車の約1.5倍のCO_2が発生する」のである（山口裕之『ハイブリッドカーの虚実』徳島書店, 2009, p.122）。

②注を付ける場合

　『ハイブリッドカーの虚実』という本によると、「ハイブリッドカーの製造時には、通常の車の約1.5倍のCO_2が発生する」のである[1]。

注1　山口裕之『ハイブリッドカーの虚実』徳島書店, 2009, p.122.

③文献一覧による場合

　『ハイブリッドカーの虚実』という本によると、「ハイブリッドカーの製造時には、通常の車の約1.5倍のCO_2が発生する」のである（山口裕之 2009, p.122）。

参考文献・ウェブサイト一覧

1) ウィキペディア「ハイブリッドカー-Wikipedia」, http://ja.wikipedia.org/wiki/%E3%83%8F%E3%82%A4%E3%83%96%E3%83%AA%E3%83%83%E3%83%89%E3%82%AB%E3%83%BC, 2012/8/20アクセス

2) 山口裕之『ハイブリッドカーの虚実』徳島書店, 2009.

③で、本文中に（山口裕之 2009, p.122）と書いてあるのに、「お

や」と思った方もおられるかもしれません。「p.122はページだとして、2009はいったい何なんだ？」と。

　文献一覧にはふつう、たくさんの文献が並びます。そのうちの一つをどうやって指定するかが問題です。「山口裕之」という人の書いた本が1冊しかなければ、(山口裕之, p.122) だけでも用は足りるのですが、同じ著者の複数の著作を引用した場合には、これでは区別がつきません。かといって、題名をそのまま書いていたのでは場所を取ってしまいます。そこで、著者名と出版年とを示すことで、文献を指定するというわけです。

本は買った方がよい

　「学生の本離れ」というようなことが言われて久しいです。実際、学生さんに聞いてみると、「ほとんど本を読まない」という人が非常に多いです。授業で教科書を買ってもらおうとすると、「値段が高い！」という苦情をよく耳にします。

　ですので、「その本を実際に手にとって読んでください」と言うと、自分では買わずに図書館などで借りてきて読む、という人が多いかもしれません。もちろんそれでも読まないよりはずっとよいのですが、欲を言えば、自分で買ってほしいと思います。

　なぜか。本を一冊読んでも、その内容の大部分はすぐに忘れてしまいます。図書館に返してしまえば、読んだことさえ忘れてしまうかもしれません。しかし、自分で買った本であれば自分の本棚にありますから、背表紙をときどき目にすることで、漠然とではあれ内容が思い出されます。そして、きちんと引用したい時には、いつでも手に取って確認することができます。自分の本棚は、自分の「外部記憶」のようなものです。「自分の一部」とさえ言ってよいかもしれません。自分の読んだ本がズラッと並んだ本棚を見るのは、気持ちが良いことです。

　「図書館に返しても、必要な時はもう一度借りに行けばよい」と

> 思うかもしれませんが、手間が多いと、結局、手に取らないままに
> なってしまいがちです。
> 　というわけで、本は買った方がよいです。「高い！」と思うかも
> しれませんが、私などでも本を1冊を書くためには10年ぐらい勉強
> して、執筆に2～3年はかけます。まともな学術書であれば、1冊
> にそれだけの時間をかけて集めた情報が集約されているのです。そ
> れがたったの2～3,000円で買えるというのは、「安い！」と思いま
> せんか？

二重カギかっことイタリック体

　文献の出典を示す表記の基本的なルールを書いておきます。

　先ほど、「山口裕之『ハイブリッドカーの虚実』徳島書店, 2009」
というふうに書きましたが、どこがポイントか分かりますか？　さ
さいなことだと思うかもしれませんが、ここでお教えしたいのは
『　』です。つまり、**ルール①：日本語の書物の場合には、タイト
ルを二重カギかっこでくくる。**ということです。

　「　」（一重カギかっこ）では、いけません。「　」はどういうと
きに使うかというと、**ルール②：日本語の論文の場合には、論文
のタイトルを一重のカギかっこでくくる。そして、それが掲載され
ている雑誌名を二重カギかっこでくくる。**たとえば、

> 山西　康弘, 詫間　格「将来の超低燃費ハイブリッドカーの
> 可能性について」,『徳島文理大学研究紀要』(61), pp.43-
> 48, 2001.

などのように書いてください。(61) は「61巻」、pp.43-48は掲載

ページ、最後の「2001」は発行年です。

さらに、**ルール③：英語など、欧文の書物の場合にはタイトルをイタリック体にする**。こんなかんじです。

> Iqbal Husain, *Electric and hybrid vehicles: Design fundamentals*, CRC Press, 2011.

最後に、**ルール④：欧文の論文の場合には、タイトルは" "（引用符：ダブル・クォーテーションマーク）でくくり、掲載されている雑誌名をイタリック体にする。**

> Dorrell, D.G., Knight, A.M., Evans, L., & Popescu, M., "Analysis and design techniques applied to hybrid vehicle drive machines - Assessment of alternative IPM and induction motor topologies", *IEEE Transactions on industrial electronics* (59), pp.3690-3699, 2012.

「Dorrell, D.G.」などの「D.G.」は何かというと、著者のファーストネームとミドルネームの略号です。Dorrell, D.G. さんのフルネームは、David G. Dorrell さんだそうです（ミドルネームは不明）。

文献一覧を作る場合、制作者・著者の名前（姓）のアルファベット順、ないし五十音順で文献やウェブページを並べますので、人名の表記は、ラストネーム（姓）を最初に書いて、そのあとにファーストネーム（名）を書く方がよいでしょう。その場合、ルール③で出てきた「Iqbal Husain」さんは、「Husain, Iqbal」と表記することになります。文献一覧を作らない場合でも、姓と名のどちらを先にするか、一つのレポートのなかでは統一してください。

あまりに細かいことかと思って今まではっきり書かなかったのですが、読点（点）については、レポート本文では「、」を使うのが通常です。それに対して参考文献は、英文のものもありますから「, 」（コンマ：半角のコンマの後に半角のスペースを空ける）を使うのが普通です。この本では、日本語の文献についても、体裁の統一上、「, 」を使っています。日本語文献の場合には「、」で区切ってもよいのですが、レポート全体で統一するようにしてください。なお、日本語文献の場合でも、最後には「。」ではなく「.」（ピリオド）を打つのが普通です。文献一覧に「。」が書いてあるのはほとんど見たことがありません。

「細かいことをごちゃごちゃ言うな」と思われるかもしれませんが、見栄えのよいレポートを作成するうえで、形式は意外と大切です。こういう部分が行き届いていると、採点する教員は、「お、なかなかよく勉強しているな」と思うものです。

最後に、文献一覧では、欧文のものと日本語のものはそれぞれ別に列挙し、それぞれ制作者・著者のアルファベット順と五十音順に並べるとよいでしょう。いままでに挙げた文献などを、一覧表にしてみました。

参考文献・ウェブサイト一覧

欧文文献

1) Dorrell, D.G., Knight, A.M., Evans, L., & Popescu, M. "Analysis and design techniques applied to hybrid vehicle drive machines - Assessment of alternative IPM and induction motor topologies", *IEEE Transactions on industrial electronics* (59), pp.3690-3699, 2012.

2) Husain, Iqbal, *Electric and hybrid vehicles: Design*

> *fundamentals*, CRC Press, 2011.
>
> **邦文文献**
> 3) ウィキペディア「ハイブリッドカー-Wikipedia」, http://ja.wikipedia.org/wiki/%E3%83%8F%E3%82%A4%E3%83%96%E3%83%AA%E3%83%83%E3%83%89%E3%82%AB%E3%83%BC, 2012/8/20アクセス.
> 4) 山口裕之『ハイブリッドカーの虚実』徳島書店, 2009.
> 5) 山西 康弘, 詫間 格「将来の超低燃費ハイブリッドカーの可能性について」,『徳島文理大学研究紀要』(61), pp.43–48, 2001.

文献一覧の表記方法については、学問分野ごとの慣習によって、いくつかの形式があります。出版年を著者の直後に書く、通し番号は振らない、文献とウェブサイトは別の表にする、など。形式については次の「Wordの「引用文献機能」を活用しよう」の欄も見てください。

Wordの「引用文献機能」を活用しよう

文献一覧を作成するのは意外と面倒です。「ここは「,」だっけ、「.」だっけ、それとも「;」だっけ？」「英文の書名のどの単語の頭を大文字にすればよいのか？」など、混乱してきます。基準を決めて、全体をその形式で統一しようと作業を始めても、途中で混じったりしてしまいます。そこでお勧めなのが、ワープロソフトに文献一覧を作ってもらう方法です。ここではMicrosoftの「Word (2010)」を取り上げて説明します。最新版のWordでも基本的に変更はありません。まず、みなさんが引用したカギかっこの後にカー

ソルを合わせます。それから、「注」について説明したときと同じように、「参考資料」のタブを一回クリックしましょう。そのあと、「引用文献の挿入」をクリックしてください。「新しい資料文献の追加」が表示されるはずです。それをクリックしてください。

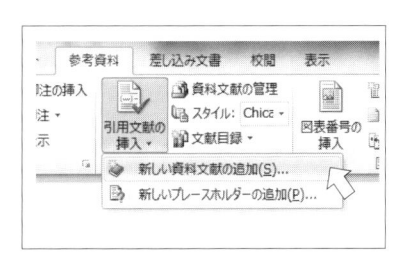

下のようなウインドウが開きます。まず、「資料文献の種類」を選択し、その後は空欄を順に埋めていってください。「市区町村」の欄には、出版社の所在地を記入してください。不明なら（あるいは面倒なら）書かなくてもかまいません。ただし、すべての文献について書くか書かないかどちらかに統一してください。ここではフィクションの『ハイブリッドカーの虚実』を例として記入してみました。最後に OK を押します。

次の図のようにカーソルのあった場所に、[山口裕之　2009]と

挿入されています。先ほど、出典を示すために、本文中に（山口裕之　2009, p.122）という表記を挿入する方法をご紹介しましたが、その作業を Word がやってくれたわけです。

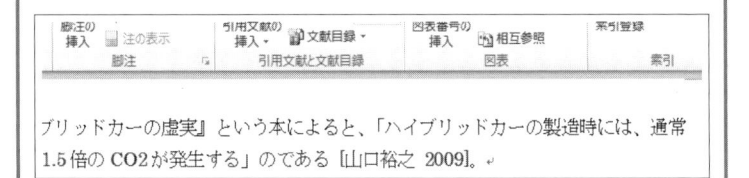

> ブリッドカーの虚実』という本によると、「ハイブリッドカーの製造時には、通常 1.5 倍の CO_2 が発生する」のである［山口裕之　2009］。

しかし、このままではページが記載されていません。書物の場合には引用したページを記入する必要があります。そこで、［山口裕之　2009］の部分をクリックし、それで出現する右側の「▼」をクリックしてください。下の左図のようになるはずです。「引用文献の編集」をクリックすれば、「引用文献の編集」ウインドウが開き、そこにページが記入できます。ページを書いて、OK をクリックすれば、［山口裕之　2009, 122］という形になります。

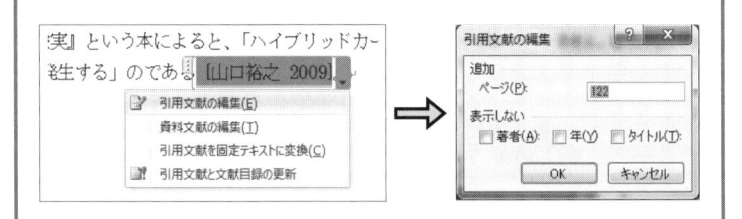

この調子で、文献を引用するたびに文献の情報もついでに登録していってください。そして最後に、「文献目録」のボタンを押してみましょう。「引用文献」か「文献目録」かを選択することになっていますが、これは一覧表の最初に「引用文献」と表記されるか、「文献目録」と表記されるかだけの違いです（「参照文献」という選択肢がある場合も同様です）。どれでもお好きなのを選んでくださ

い。いずれかをクリックすれば、自動的に文末に参考文献一覧が作成されます。

引用文献

Dorrell, D. G., A. M. Knight, L. Evans, and M. Popescu. "Analysis and design techniques applied to hybrid vehicle." *IEEE Transactions on industrial electronics* 59 (2012): 3690-3699.

Husain, Iqbal. *Electric and hybrid vehicles.* Cleveland: CRC Press, 2011.

"ハイブリッドカー." Wikipedia. 日付不明. http://ja.wikipedia.org/wiki/ハイブリッドカー [アクセス日: 2012年10月4日].

山口裕之. ハイブリッドカーの虚実. 徳島: 徳島書店, 2009.

山西康弘,, 詫間格. "将来の超低燃費ハイブリッドカーの可能性について." 徳島文理大学紀要 61 [2001]: 43-48.

　これは、Chicago manual of style（15th edition）という形式にのっとった文献表です。Wordでは、その他にもAPA形式やISO690形式など、十数種類の形式が選択できます。「スタイル」という小窓の横の「▼」をクリックすると、さまざまな形式の一覧が表示されますので、好みのスタイルをクリックしてください。とくに指示がなければ好みで選んでもよいですが、学術論文ではAPA形式かChicago形式が多く使われるように思います。

さて、できあがった文献表、このままでよいと言えばよいのですが、日本語の書物を『　』でくくるという日本の標準的な文献表の方式とは異なる部分があります。理系の教員などで気にしない人もいるかもしれませんが、人文系の研究者としてはけっこう気になります。

　Word に収録されているそのほかの文献一覧の形式でも、日本語の書物に『　』を付けてくれるものはないようです。そこで、個人的には、APA 形式か Chicago 形式にして Word に自動で作ってもらって、手作業で『　』付けの作業をしています。やりかたはともかくとして、**日本語の書物は『　』、欧文の書物はイタリック**ということは、実行してほしいと思います。ただし、日本語の書物をイタリックにしたり、欧文の書物を『　』でくくってはいけません。念のため。

論文を検索しよう

例として作成した文献一覧に掲げた文献やウェブページのうち、『ハイブリッドカーの虚実』はこの本のために作ったフィクションですが、他の文献やページは実在します。しかし、実は私は哲学研究者で、自動車の専門家ではありません。ではなぜハイブリッドカー関連の文献をすぐに探し出すことができたのでしょうか。

私を含めて大学教員が学生さんたちに「インターネットの活用法」として一番学んでほしいポイントはここにあります。つまり、インターネットを使って「コピペすべき情報」を探すのではなく、**課題に関連のある文献を検索してほしい**、ということです。

インターネットには、GoogleやYahooなどの通常の検索ページだけでなく、論文や文献の検索に特化した検索ページがあります。代表的なものに、国立情報学研究所が運営するCiNii (http://ci.nii.ac.jp/)、Googleが運営するグーグル・スカラー (http://scholar.google.co.jp/) などがあります。

多くの大学の図書館は、有料の論文検索サービスと契約して、学内限定で利用できるようにしています。論文の本体をウェブで閲覧することが可能な場合もあります。そうした検索サービスを利用して、レポート課題と関連のありそうな論文や文献を探し出し、実際にそれを読んでみましょう。

読みたい論文を自分の大学の図書館が所蔵していれば、単に借り出して読めばよいのですが、もし所蔵していなかった場合、ほとんどの大学図書館では他大学からの取り寄せを行ってくれます。自分の大学の図書館のウェブサイトをよく見てください。ウェブで直接取り寄せられるようにしているところも多いと思います。よく分からなければ、窓口に行って聞いてみてください。「文献取り寄せ依

頼」のやり方について、喜んで教えてくれるはずです。図書館は単に「本がたくさん置いてある場所」ではありません。**図書館を積極的に活用**しましょう。

このようにして、インターネット上の誰が書いたか分からないような情報ではなく、学術的な論文を参照してレポートを書けば、あなたのレポートは、「論文」というレベルに高まっていくことでしょう。

引用する理由

ネット情報や文献をどのように活用（引用）したらよいか、だんだんイメージがつかめてきたでしょうか。ここではもう一つ、なぜその文献を引用するのか理由を書く、ということに注意してください。たとえば、レポートにいきなりこのように書いてあれば、採点する教員は一瞬、ギョッとするでしょう。

> ハイブリッドカーは実は環境によくない。「ハイブリッドカーの製造時には、通常の車の約1.5倍のCO_2が発生する」からだ（山口裕之『ハイブリッドカーの虚実』徳島書店, 2009, p.122）。

なぜギョッとするのか。これだけ見ても、「山口裕之」なる人物が何者か、読む側に分からないからです。学生が引用した書物が、いわゆる**トンデモ本**だという可能性があるのです（実際、こんな本は実在しないのですから、とんでもないことです）。

トンデモ本というのは、たとえば「人の幸不幸は前世によって決まっている」とか、「水にバカ野郎と言うと汚い結晶ができる」と

か、「反重力エンジンを発明した」など、科学的に見てトンデモないことが書かれている本のことです。トンデモ本ばかり出している出版社もあります。言論は自由ですから、こうした書物の出版を取り締まることはできませんが、少なくともそういうトンデモ本に学生がだまされないように教育することは大学教員の務めです。

ウェブページの信頼性の判定についてはすでに述べました。「匿名のページは信用しない」「出典を示していない情報は信用しない」という2点です。では、書物について、それがトンデモ本かどうか、どうやって判定すればよいでしょうか。

ふつう、「匿名で出版する」ということはあまりありませんから、たいていの本には著者が明記されています。ですので、「匿名かどうか」という基準は書物には使えません。そこで、本の後ろの方を見てみましょう。著者の紹介が書かれているはずです。

『ハイブリッドカーの虚実』は実在しませんから、私のほかの本、たとえば『認知哲学 心と脳のエピステモロジー』(新曜社, 2009) を買って、最後のページを見てみてください。

著者紹介

山口裕之(やまぐち ひろゆき)
1970年 奈良県に生まれる
1999年 東京大学大学院人文社会系研究科博士課程単位取得退学
2002年 博士(文学)学位取得
現在、徳島大学総合科学部准教授。
主要著作:『コンディヤックの思想』(勁草書房, 2002),『人間科学の哲学』(勁草書房, 2005) ほか。

などと書いてあります。つまり、この欄を見れば、著者の経歴や肩書の概要が分かるのです。一般的に言って、**大学の教員が自分の専門分野について書いたものであれば信用できる**ということになっています。学者の間では「彼の学説は間違っている」などの論争がある場合がありますが、ふつうの学生にそこまでの専門性は求められていません。

「匿名のウェブページは信用しない」という基準を言いましたが、普通の人が名前を出して書いているページ、というのも存在します。そういう人は自称「哲学研究家」だったり、自称「歴史研究家」だったりします。ウェブページの制作者が信用できるかどうかについては、その人の名前を検索してみましょう。現在、大学や研究機関はスタッフをウェブページで公開していますから、大学教員などであればヒットするはずです。検索して肩書や経歴などが不明な人であれば、専門的な研究者ではなく「普通の人」である可能性が高いといえるでしょう。本人が自分のウェブページの中で「哲学研究家」「歴史研究家」などと自称しているからといって信用してはなりません。

普通の人の中にも「玄人はだし」の人がいることは事実ですが、書かれている内容だけから「玄人はだし」かトンデモない説かを判断するにはある程度の学識が必要ですから、学生のうちは、肩書の不明な人や「自称研究家」が作ったページは信用しない方が得策です。

というわけで、『ハイブリッドカーの虚実』という本の後ろを見たら、「山口裕之」なる人物は東京大学工学部を出た博士であり、現在、徳島大学工学部の教員であることが分かったとします。念のためインターネットを検索してみたところ、ウィキペディアに紹介されており、彼が自動車工学の専門家でハイブリッドカーの普及政

策に対して批判的な発言を行っていることも分かりました（すべてフィクションです。念のため）。ここまで確認したら、たとえば次のように書いてください。

> 一般にハイブリッドカーは環境によいといわれている。しかし、**この点について自動車工学の立場から批判的な発言を行っている**山口裕之の『ハイブリッドカーの虚実』という本によると、「ハイブリッドカーの製造時には、通常の車の約1.5倍のCO_2が発生する」のだ（山口裕之『ハイブリッドカーの虚実』徳島書店, 2009, p.122）。

このように書けば、山口裕之なる人物が何者かが分かり、さらにはなぜこの文献が引用されているのか、理由が分かります。

なお、名前の後に「氏」や「さん」などの敬称を付ける学生さんがけっこういるのですが、**引用するときには敬称は不要**です（日本史や東洋史、法律学など、敬称を付ける慣習がある学問分野もあるようですので、もし担当教員から指導があれば逆らわずに敬称を付けてください）。

「トンデモ論文」の判定法

書物の場合には、「トンデモ本」という可能性があると言いましたが、論文の場合はどうでしょうか。通常、学術論文は、「学術雑誌」に掲載されています。これは、みなさんが本屋でよく見かける雑誌ではなく、学会などの学術研究団体が発行している、学者向けの雑誌です。学者はこれに投稿し、同じ専門分野の他の学者がその内容を検討したうえで、掲載されるかどうかが決まります。調査や考察に不備のあるものが掲載されることは、まずありません。そのため、まともな学術雑誌に掲載された論文であれば信用できる、と

いうことになっています。

　それに対して近年、学者の世界で問題になっている「ハゲタカジャーナル」というものがあります。これは、投稿された論文がたとえトンデモであっても、お金さえ払えば掲載してくれます。学生さん自身の力で「まともな学術雑誌」か「ハゲタカ」なのかを判定するのは難しいと思います。しかし、大学の図書館や研究室で定期購読している雑誌なら、まずまともな雑誌だといってよいでしょう。

　それゆえ、大学図書館で論文を入手していれば「トンデモ論文」をつかまされる可能性は低いのですが、近年は論文や学術雑誌そのものがウェブ化されています。そして、トンデモなものほどウェブ上で見つかってしまうのです。「まともな学術雑誌」はウェブ上であっても有料会員限定であることが多いです（あなたの大学の図書館が会員契約をしているなら閲覧できます）。

　さらに、大学の教育内容を社会一般に公開するという主旨から、学部生の卒業論文や、授業での学生発表のレジュメなども多数ウェブ上に公開されるようになってきました。そこで最近は、学生さんたちのレポートに参考文献として卒業論文や、さらには授業での発表レジュメが登場するようになってきました。これらは残念ながら「学術論文」とは見なされません（幸いというべきか、「ハゲタカジャーナル」はほとんどが英文なので、学生さんたちが参照することはあまりありません）。

　対策ですが、**論文の出典に掲載誌を明記するのを忘れない**ことです。卒業論文や発表レジュメは学術雑誌に掲載されていないので、掲載誌名を確認しようとしても見つかりません。そこで「おかしい」と気づくはずです。またそもそも、学生さんたちがそれら「学術論文もどき」を発見してしまうのは、CiNiiなどの論文検索ページではなく、GoogleやYahooなどの通常の検索ページを使って論文を探してしまうからです。それをやめろとはいいませんが、**通常の検索ページで「論文っぽいもの」を見つけたときには、その著者やタイトルをCiNiiで改めて検索**してみましょう。もしそれでヒットしなければ、参考文献として利用してはいけません。

ポイント③：反対意見・反対の事例を常に探す

 ポイント③はポイント②とどこが違うのか、と思われるかもしれません。その答えは、「同じ立場から書かれた複数の情報源」を参照して満足するのではなく、「複数の立場から書かれた情報を読んでみよう」ということです。

 先に、「反原発団体の人たちが作ったウェブページには、原子力発電所のデメリットが書かれている」と述べました。そうした団体は複数存在しますが、当然ながら彼らの主張はおおむね同じです。同じような立場の人たちが作った複数のページを見ているうちに、自分もだんだんその考え方に染まってしまって他の見方ができなくなる、ということもときどき起こります。

 また、ウェブページはコピペが容易にできるという特徴がありますから、複数のページを参照したつもりが、実はそれらはすべて、同じページからのコピペであった、ということもありえます。こうした場合には、「複数の情報源を参照した」とはいえません。

 そもそも人間には、自分の考え方に近い意見やデータばかり集めて、自分の考えが正しいということを確認して喜ぶ、という習性があります（そうした傾向を心理学では**確証バイアス**と呼びます）。

 卑近な例を挙げてみますと、「女はおしゃべりだ」とか、「男は暴力的だ」などといった先入観を持っている人がよくいます。そういう人は、「おしゃべりな女の例」を「口下手な男の例」と対比させたりして得意げに語るのですが、実は「女はおしゃべりである」という命題が正しいことを示すためには、「口下手な女はいないか」、「おしゃべりな男はいないか」といった、この命題を否定するよう

な例についても検討しなくてはなりません。もし、「口下手な女」が実は「おしゃべりな女」と同じぐらいたくさんいるなら、あるいは「おしゃべりな男」が実は「おしゃべりな女」と同じぐらいたくさんいるなら、「おしゃべり」は「女の特徴」ではない、ということです。

	女	男
おしゃべり	「女はおしゃべりだ」	？
おしゃべりでない	？	「男は口下手だ」

それゆえ「女はおしゃべりだ」ということが正しいことを確かめるためには、この表の「？」の部分も検討する必要があります。「おしゃべりな女」と「口下手な男」にばかり注目していると、「おしゃべりな男」や「口下手な女」が実はたくさん存在しているにもかかわらず、それに気づかないということになってしまいます。

このように人間は、自分に都合のよい意見やデータばかりを集めてしまいがちです。そこで、ポイント③：**反対意見・反対の事例を常に探す**ことが大切になります。つまり、意識的に自分の意見の反対は何かを考え、実はそちらのほうが正しいのではないか、と調べてみるのです。

ハイブリッド車について言えば、おそらく多くの人が「ハイブリッド車は環境に良い」と信じているのではないかと思います。そこであえて、「実は環境に悪いのではないか」と考えて、反対の立場について調べてみるのです。

ハイブリッド車についてであれば、反対の立場を思いつくのはまだ容易かもしれませんが、社会的通念となってしまっているような事柄については、反対の立場を想像することすら難しいかもしれません。なので「意識的に自分の意見の反対は何かを考える」という

ことが必要なのです。

「ハイブリッド車は環境に良いか」というレポートは、「常識を疑え！」という講義の課題だと言いました。ちなみにその他の課題は、

・「地球温暖化はCO_2が原因である」
・「いじめなどで困っている人には心のケアが必要だ」
・「人を殺した者は死刑になるのが当然だ」
・「脳死は科学的に定義された死である」
・「正しさは人それぞれである」
・「この講義は信用できる」

これらが「正しい」と言えるかどうか検討せよ、というものでした。

「常識を疑え！」という講義なのですから、受講生たちはこれらに対する反対意見を探してみようとするでしょうが、そうでなければ、ほとんどのみなさんはこれらの意見について、疑ってみようとは思わないのではないでしょうか。

そうした講義や、あるいはこの本をきっかけにして、**「常識」の反対を意識的に考えてみる**という習慣を身に付けてほしいと思います。文系、理系を問わず、すべての学問・科学の基本は「批判」です。現在、常識として流通している考え方・学説に対して、「実は間違っているのではないか」という眼を向けることで、新たな考え方や学説を創造していくことが学問の本分です。多くの大学教員は、学生にそうした「科学的・批判的な態度」を身に付けてほしいと願ってレポートを課しているのです。

ポイント④:「論じるべきこと」を見つける

　レポートの課題は、大学の授業で扱ったテーマに関連して出されることが多いはずです。テーマがあらかじめ具体的に決められている場合にはそれについて書けばよいのですが、「フランス近代哲学についてなんでも関心を持ったことを書いてください」などと言われた場合には、レポートに**テーマを示すようなタイトル（題名）**を付け、レポートの冒頭で**そのテーマを選択した理由**を記すことが必要です（タイトルについては次の項目で説明します）。

　このように言うと、多くの学生さんが、「○○がおもしろそうだったから」「興味を引いたから」などと書き始めてしまいます。たとえば、

> うちの車は、父が「環境にいいから」と言って買ったプリウスなので、「ハイブリッドカーが実は環境に悪いかもしれない」と聞いて、とても興味を持った。

　しかし、あなたが関心を持ったかどうかは個人の好みの問題です。レポートは「感想文」ではなく、「科学的・批判的態度」を身に付けるための練習なのですから、そこには個人的な「思い」ではなく、**学問的・社会的に問題になっていること、学問的・社会的に論じるべきこと**について書くようにしましょう。

　では、そうした「論じるべきこと」はどうやって見つけ出せばよいのでしょうか？　それは、ポイント②や③と大いに関連があります。つまり、**複数の情報源の間で矛盾点や対立点が見つかったら、**

それが「現在、学問的・社会的に問題になっている点」あるいは「問題にすべき点」である可能性が高いということです。

ハイブリッドカーについては、「燃費が良く、環境に良い」という一般的なイメージに対して、「CO_2、NO_x（窒素酸化物）、SO_x（イオウ酸化物）などの汚染物質の排出量は、素材の生産の部分でプリウスのほうがガソリン車よりもかなり多い」というデータを見ました。「環境に良い」と「汚染物質の排出が多い」というのは矛盾することですから、どちらが「正しい」のか、考察しなくてはなりません。

そこで、レポートの書き出しは、たとえば以下のように書いてみましょう。

> ハイブリッドカーは燃費が良いと一般に考えられており、政府はハイブリッドカーの購入に補助金を出すなどの政策を行っている。しかし、本当にハイブリッドカーが環境に良いと言えるのかどうかという点については、自動車工学の立場からも批判がある。以下では、この点について考察する。

これで、このレポートは、あなたの個人的な興味ではなく、学問的・社会的な課題について検討するものだということになります。

ところで、「どちらが正しいのか考察せよ」と課題を出しているのに、「正しさは人それぞれだ」とか、「価値観によって正しさは異なる」などと主張する学生が激増していて、とても困っています。「正しいかどうか」は基本的に客観的に決まる事柄ですから、「人それぞれ」のはずがありません。CO_2、NO_x、SO_xを大量に排出する車が「環境に良い」と、人それぞれで勝手に決めてしまったら、地

球環境は大変なことになってしまうでしょう。

　「人それぞれ」という言葉は、一見すると相手を尊重する「いい言葉」だと見せかけておいて、その実、相手の意見をまともに聞かないで切り捨てる言葉です。このような言葉を主張する学生が増えているということは、この社会が「対話を拒否する社会」になりつつあるということです。非常に困ったことです。

　こうした理由から、先ほどの「常識を疑え！」という授業のレポートには「正しさは人それぞれ」という課題が入っているのです。その他の、

　　・「地球温暖化はCO_2が原因である」
　　・「いじめなどで困っている人には心のケアが必要だ」
　　・「人を殺した者は死刑になるのが当然だ」

などの課題については、みなさん自身で、反対の立場をインターネットで検索してみましょう。「地球温暖化はCO_2が原因ではない」、あるいは少なくとも「主要な原因だと断定はできない」と考える学者が意外とたくさんいる、ということが分かるのではないでしょうか。

　「心のケア」についても、社会学などの立場から批判的な人はたくさんいます。社会問題をなんでも「個人の心の問題」にすり替える考え方を「心理主義」と言います。調べてみてください。いじめについて言えば、今いじめの被害を受けている者に対して必要なことは、「心のケア」などではなく、早急な保護ではないでしょうか。

　「死刑」について調べてみると、世界の大半の国がすでに死刑を廃止しており、いわゆる先進国で死刑を存続させているのはアメリカと日本ぐらいで、日本は国連人権委員会から死刑廃止を勧告されている、ということなども分かるでしょう。

　このように、対立する立場の学者や専門家が論争している点こそ

が、「学問的・社会的に問題になっていること」、「学問的・社会的に論じるべきこと」に他なりません。「反対意見を探す」(ポイント③) ことで、こうした対立点を把握し、レポートではその点について考察しましょう。

タイトルを付ける

先ほど書いたように、テーマがあらかじめ具体的に決められている場合にはそれについて書けばよいのですが、「フランス近代哲学についてなんでも関心を持ったことを書いてください」などと言われた場合には、レポートにテーマを示すようなタイトル（題名）を付けなくてはなりません。

タイトルは、レポートを書きはじめるときにはとりあえず「仮題」を付けておいて、**決めるのは書きあがってから**、最後にするのがよいです。なぜなら、レポートを書くために調査を開始するときには、「ハイブリッドカーについて調べよう」という程度の、非常に一般的、抽象的なことしか考えていないはずです。その状態でレポートのタイトルを決めようにも、「ハイブリッドカーについて」などといった、ハイブリッドカーの何について論じたいのか不明なタイトルにしかなりません。こうした中身の分からないタイトルは好ましくありません。

調べていくうちに、学問的・社会的に問題になっていること、学問的・社会的に論じるべきことが分かってきます。さらに、自分なりの結論が決まるのは、レポートが書き終わるときです。その段階で初めて、自分のレポートのテーマが確定し、それを示す適切なタイトルについても考えることができるのです。たとえば「ハイブリッドカーは環境に良いか」なら、何を論じたいのかが分かりま

す。

　その他、悪い例と改善例を考えてみました。

　　×「フランス近代哲学について」
　　　　↓
　○「経験論哲学における「概念の起源」の問題」

　　×「地球温暖化について」
　　　　↓
　○「温暖化CO_2原因説についての検討」

　　×「死刑について」
　　　　↓
　○「死刑をめぐる日本と世界の状況」

　タイトルが悪いからといってレポートを減点することは普通はありませんが、あまりに「やる気のない」タイトルだと読む前から印象が悪くなります。また、自分の主張を一言でまとめるようなタイトルを考えることは、自分の主張を自分なりに反省して推敲するきっかけにもなりますから、レポートの「仕上げ」として、魅力的なタイトルを考えるようにしましょう。

「コピペ」をしようと思わなくなるための方法・まとめ

ポイント②：複数の情報源を確認する。

★「信頼できる情報源」の判定法
・匿名の情報は信用しない。
・出典の書かれていない情報は信用しない。
・出典が書かれていたら、その出典の方を参照する。
・制作者（著者）の肩書や経歴を調べる。

★ネット情報の活用法
・ウェブページは調査のきっかけとして利用する。
・文献や論文を検索する。

★文献の場合の出典を示すために記載すべき情報
　（ポイント①の補足）
・①著者、②タイトル、③出版社、④出版年、⑤引用文の書いてあるページ
・文献一覧では、制作者・著者名のアルファベット順（欧文の場合）・五十音順（日本語の場合）に並べる。

★カギかっこと二重カギかっこの使い方
・ルール①：日本語の書物の場合には、タイトルを二重カギかっこでくくる
・ルール②：日本語の論文の場合には、論文のタイトルを一重のカギかっこでくくる。そして、それが掲載されている雑誌名を二重カギかっこでくくる。

- ルール③：英語など、欧文の書物の場合にはタイトルをイタリックにする。
- ルール④：欧文の論文の場合には、タイトルは" "（引用符・クォーテーションマーク）でくくり、掲載されている雑誌名をイタリックにする。

★<u>表現上の注意</u>
- 「引用する理由」を書く。

（ポイント③：反対意見・反対の事例を常に探す。）

（ポイント④：「論じるべきこと」を見つける。）

- 学者や専門家の対立点を見出し、「レポートのテーマを選んだ理由」を書く。
- レポートを書き終わってから、テーマを適切に示すようなタイトルを付ける。

ステップ3 「引用」を活用した文章の構成

ポイント⑤：「思う」は禁句

　ここまでの説明にしたがってレポートの課題に関連するさまざまな情報を検索したところ、学者や専門家が論争しているポイントが把握でき、レポートで論じるべき点がはっきりしたとしましょう。たとえば、「ハイブリッド車は環境に良いかどうか」、「地球温暖化の原因は CO_2 かどうか」、「いじめの被害者に心のケアは必要かどうか」、「人を殺した者は死刑にすべきかどうか」などの問題について、賛否双方の立場の人たちが、それぞれどのような根拠によって自分たちの意見を主張しているのかが分かったとしましょう。あとは考察です。

　このとき、「自分で考えることが大切だ」と指導する大学教員もいるかもしれません。たしかに「自分で考えること」は大切です。しかしそれは、自分で勝手に思いついたことを書く、ということではありません。「考える」とは、**賛否両方の立場の主張について、その客観的な根拠を比較し、客観的に「正しい」といえる結論を出す**ということです。ですから、「自分で考える」とは、そうした主張や根拠を「自分で調べる」という意味だと理解してください。

　調べてみれば、そうした比較をすでにしてくれている論者もいるはずです。レポートでは、そうした論者の議論も参考にして考察を進めるようにしましょう。

要するに、レポートに自分の「思い」を述べてはいけないということです。主観的な印象や感情を述べても、問題の解決にはつながりません。たとえば、「ハイブリッドカーの普及を進めるべきか否か」、「原子力発電所を維持するか廃止するか」などの問題について、個人の印象や好き嫌いで対応を決めてよいものではないでしょう。客観的な根拠にもとづいて、より望ましい結果が得られるような対応を取らなくては、大変なことになってしまいます。

　こうしたことを念頭に置きつつレポートを書くうえで、具体的に注意すべき点は、「〜だと思う」と書かない、ということです。このように言うと、「感じる」「気がする」「印象を持った」などと言い換える学生さんがいるのですが、これらの表現は「思う」よりあいまいなので、さらに悪質です。「考える」もやめましょう。

　実際のところ学生さんにレポートを書いてもらうと、「思う」が頻出します。ほとんどすべての文の末尾に「思う」と書く人もいるぐらいです。たとえば、

> ハイブリッドカーは、完全な電気自動車が開発されるまでの過渡的技術だと思う。

これで何となく「意見」を述べたような気がしてしまいます。
　なぜ多くの学生さんが、「思う」と書いてしまうのでしょうか？
　それは「思う」と書くと、「理由・根拠」を書かなくても違和感がなくなるからです。「思う」は、根拠や理由を書かなくても気にならなくしてしまう魔法の言葉、ごまかしの言葉なのです。ためしに、「思う」を消してみましょう。

> ハイブリッドカーは、完全な電気自動車が開発されるまで

の過渡的技術だ。

ほら、なにか気分が落ち着かないでしょう。このように断言するためには、強力な根拠や証拠が必要です。「単なる思い」ならぬ「確固たる意見」を述べるうえで必要なものは、根拠や証拠なのです。ですから、「〜だと思う」と書いてしまったら、それを消して**「根拠」を考える**ようにしてください。たとえば、

> ハイブリッドカーは、完全な電気自動車が開発されるまでの過渡的技術だと思う。
> ↓
> ハイブリッドカーは、通常のガソリン車と比べて燃費はよいものの、**まだまだ大量のガソリンを消費しているので、**ハイブリッドカーは、完全な電気自動車が開発されるまでの過渡的技術だ。

もちろん、これだけでは「ツッコミどころ満載」ですね。自分でどんどんツッコミを入れてください。そして、そのツッコミどころを埋めるような「根拠」を調べ、付け加えていくようにしましょう。

「思い」と「意見」の違い

近年、「個性の尊重」や「個人の自律性の尊重」などの概念が教育現場に広く普及しています。しかし、それを誤解している人が非常に多いようです。授業中にアンケートをとってみると、「個人の意見はすべて等しく尊い」という選択肢に、「そのとおりだ」と回答する学生が大半を占めます。言うまでもなく選挙における一票の価値は等しくなければなりませんが、だからといって「個人の意見の内容にすべて等しい価値がある」ということにはなりません。

たとえば、「脳死の是非」や「死刑制度の是非」などについて、みなさんはどのような「意見」を持っていますか？　「脳死は人の死だ」と思いますか？　そうだとして、そう思う理由を説明できますか？　そこで出してきた「理由」にはどのような客観的根拠がありますか？　そもそも、あなたは脳死について、どれぐらい知っていますか？　いつ誰が何の目的でそれを考え出したのか、その判定基準はどうなっているのか、知っていますか？　脳死について、関連する文献を一冊でも読んだことがありますか？

そうしたことをまったく知らずに述べたことは、「意見」というよりは「単なる思い」（ないし「思い込み」、「思いつき」）にすぎません。そうしたものと、医学の専門家や生命倫理学の専門家が述べたこととが「等しく尊い」などということがあるでしょうか。

「言論の自由」とは、「何か意見を表明したということだけを理由として国家権力によって迫害されてはならない」という意味であって、「すべての意見に等しい価値がある」という意味ではありません。**幅広い知識によって根拠づけられた意見のみに価値がある**のです。

ついでに言うと、人はいちど何かを（根拠の有無にかかわらず）表明してしまうと、「それが自分の意見だ」と思い込んでしまい、それが間違っていることをいくら説明しても、撤回することに大いに抵抗するという習性があります。根拠のない「思いつき」をレポートに書き記すことは大いに有害というべきでしょう。

また、「個性の尊重」という概念とペアになっている考えに、「意見とは心の中にあるものを表現したものだ」という考えがあります。「個性の担い手は心であるから、心の中には個性的なものが詰まっているはずだ」というイメージです。これも間違いです。

　「意見」は、心の中にはじめからできあがった形で存在しているものではなく、関連する情報を仕入れ、比較し、判断していく中で形作られるものです。「レポートを書く」という作業が重要なのは、レポートを書くことが「自分の意見を作っていく」ということとイコールだからです。

　国民の「意見」が政治を左右する民主主義社会において、あるいはふつうに仕事をしていくうえでも、自分の「意見」を根拠づけて説明し、相手に納得してもらうことが、不可欠のスキルであることは言うまでもありません。

　みなさんが、この本を読み、文章を書く練習を重ねることで、**しっかりした「自分の意見」を作っていくことができる人**になってほしいと願っています。

ポイント⑥：接続詞を入れる

　レポートの書き方のポイントも、残すところあと2つとなりました。あとの2つは必ずしも「コピペと言われないための方法」ではありませんが、ネット情報を活用した文章を書く上で不可欠のポイントです。

　ポイント⑥は、「接続詞を入れる」ということです。もちろんこれは小学校の時から言われてきたことかもしれませんが、念のため確認しておきましょう。

　学生さんの中には、課題について非常によく調べてきてくれるのですが、提出された「レポート」が箇条書き、という人がときどきいます。せっかく調べてくれたことも、細切れにして単に並べただけなら、結局のところ何が重要で何が言いたいのかということが十分に伝わりません。「根拠のある意見」は、構造を持った一連の文章として組み立てられている必要があります。そして、箇条書きと文章との違いが接続詞の有無なのです。

　ぶつ切りの箇条書きとは反対に、レポート全体が切れ目なく一つの文になっている、というケースもときどきあります。

> ハイブリッドカーは燃費が良いと一般に考えられており、政府はハイブリッドカーの購入に補助金を出すなどの政策を行っているが、本当にハイブリッドカーが環境に良いと言えるのかどうかという点については議論があり、山口裕之は「ハイブリッドカーの製造時には、通常の車の約1.5倍のCO_2が発生する」と書いており、……

このように、「〜であり」で延々つながっていくのです。そうこうしているうちに主語が途中で入れ替わり、述語が行方不明になり、目的語がなんだかわからなくなり……と、意味の不明な文章になってしまいます。私はこういうのを「ダラダラ文」（略してダ文）と呼んでいます。文章を書くときには、**「主語‐目的語‐述語。接続詞‐主語‐目的語‐述語。」**というふうに、なるべく複雑な構文にならないように区切って、文と文の間に接続詞を入れるようにしましょう。

　文と文の間の関係が接続詞によって明示されることで、文章は全体として一つの構造を持った「ひとまとまりの作品」になります。ですので、基本的に**すべての文の頭に接続詞を付ける**ようにしてみてください。そのようにすることで、レポート全体の流れの中で、一文一文がどのような位置を占めているのか、どのような機能を果たしているのかを意識することができます。

　では、具体的にどのような接続詞をどのように使えばよいでしょうか。**基本は「たとえば・しかし・それゆえ・つまり」の４つ**です。「〈たとえば〉や〈つまり〉は副詞だ！」とおっしゃるかもしれませんが、ここでは厳密に文法的な意味で「接続詞」と言っているのではなく、「文と文との関係を示す語句」という意味で使っています。

　俗に文章の展開のパターンとして「起承転結」などといいますが、これら４つの接続詞はこのパターンを明示するはたらきがあります。レポートを書くときにはこの４つを必ず使うようにしましょう。

　起：テーマ（ポイント④で見つけた「論じるべきこと」）を書く。
　承：**たとえば、**とテーマに関連する具体例を挙げる。
　転：**しかし、**と（ポイント③で見つけた）反対意見を取り上げ

て検討する。

結：**それゆえ**、と結論を導き、**つまり**、と最後のまとめをする。

その他の接続詞として、「そして」や「また」、「ところで・さて」などがあります。

「そして」は、論点を付け加えるものです。一つの根拠を挙げたあと、それに関係する論点を付け加えるのに使うとよいでしょう。

> ハイブリッドカーは、通常のガソリン車と比べて燃費はよいものの、まだまだ大量のガソリンを消費している。**そして**、ガソリンの消費こそが、「電力使用」と並ぶ、家庭部門におけるCO_2排出の二大要因なのだ（国立環境研究所「温室効果ガスイベントリ報告書」, http://www-gio.nies.go.jp/aboutghg/nir/nir-j.html,2012/10/12アクセス）。

「また」というのは、二つの事柄を併記するときに使うものです。一つの根拠を上げたあとに、もうひとつ別の根拠を付け加えるのに使いましょう。

> ハイブリッドカーは、通常のガソリン車と比べて燃費はよいものの、まだまだ大量のガソリンを消費している。**また**、NO_X（窒素酸化物）、SO_X（イオウ酸化物）などの汚染物質の排出量については、「素材の生産」の部分でハイブリッドカーのほうがガソリン車よりもかなり多い（トヨタ自動車, "Prius Green Report", http://www.toyota.co.jp/en/k_forum/tenji/pdf/pgr_e.pdf.　現在は存在しないページ）。

「ところで・さて」は、話題転換の言葉です。複雑な論点を含んだ大作であれば使うこともあるでしょうが、あまり長くないレポートであれば、話題が拡散するので、なるべく使わない方がよいでしょう。

「だから」に気をつけろ！

　ここまで繰り返し強調してきたことは、レポートには「根拠のある意見」を書くべし、ということでした。それゆえ、理由や根拠を示す接続詞である「それゆえ（だから）」が文章を書くうえで重要だということになります。

　ところが、学生さんの書いた文章のなかには、形のうえでは「AだからB」となっていても、論理的にAからBを導き出すことができないようなケースがけっこうあります。そこで、「AだからB」と書いたときには、**ほんとうにAからBが導き出せるのか**、を考え直してみましょう。以下で、まちがった「だから」の例をいくつか挙げておきます。

・**「太陽がまぶしかった。だから殺した。」**：「不条理文学」と言われるカミュの代表作、『異邦人』の論理です。たしかにこれはあからさまに不条理ですが、「暑くてイライラしていたから、殺した」というと、さしあたり理解可能になります。そして、そうした「論理」に対して言うべきことは、「感情は自分の行動の動機になるが、他人に受け入れられるとは限らない」です。「自分は自動車が嫌いだ。だからハイブリッドカーの普及にも反対」のように、自分の感情を根拠に主張しても、他の人に対して説得力を持ちません。

・「すべての人は死ぬ。それゆえ、犬も死ぬ。」：論じてきた事柄と違う事柄について結論を出してしまっています。同じハイブリッドカーでもシステムの異なるホンダ・インサイトについて論じてきて、トヨタ・プリウスについて結論を出してしまうなどの場合です。

・「うちのプリウスは電池が故障した。ゆえにハイブリッドカーの弱点は電池だ。」：過度の一般化の例です。おたくのプリウス1台が故障したからといって、すべてのハイブリッドカーの弱点が電池だということにはなりません。あなたのガールフレンドがおしゃべりだからといって、「女はみなおしゃべりだ」ということにならないのと同様です。しかし、えてして人はこうした過度の一般化をしてしまう習性があります。

・「食べ過ぎたら太る。だから、食べ過ぎなければ太らない。」：論理学的に間違いです。「AならばB」が正しいとき、論理学的に正しいのは、「BでないならばAでない」（対偶）ということだけです。つまり、「太っていないなら食べ過ぎていない」は正しいですが、「BならばA」（逆）や、「AでないならばBでない」（裏）などが正しいとは限りません。

・「努力すれば成功するはずだ。君が成功していないということは、努力していないということだ。」：論理学的には正しいようですが、「努力すれば成功する」という前提部分が間違いです。現実には、努力しても成功しない人はたくさんいます。

代表的な「不条理な論理」の例をあげました。チェックすべきポ

イントは、①個人的な感情を根拠にしていないか、②別の事例から結論していないか、③過度の一般化を行っていないか、④論理学的に正しいか、⑤前提が間違っていないかの5つです。学生さんの書いたレポートを読んでいると、このほかにも想定外の「不条理な論理」が飛び出すことがあります。どういう話の流れになっているのか理解不能なものさえ、かなりたくさんあります。提出するまえに何度も読み返して、自分の「だから」がほんとうに理由や根拠になっているか、しっかり考え直してください。

ポイント⑦：具体的な結論を出す

　あるテーマについて賛否両論を調べ、それぞれの客観的根拠を理解しました。賛否両論を比較検討している論文も読みました。接続詞を入れて、文章も構成しました。いよいよ結論です。結論がしっかりしていないと、せっかくの調査・考察が台無しです。客観的根拠に裏付けられた具体的な結論を、堂々と主張しましょう。

　どのような結論が「よい結論」なのかは、テーマによって異なってきます。あるテーマについて、賛否双方の主張を取り入れた具体的で現実的な対応策を提案したり、従来の論争で見落とされてきた点を指摘したりするなどのことができれば上出来です。

　他方、どのようなテーマを与えても、いつでも返ってくる「ダメな結論のパターン」があります。典型的な「ダメな結論」を列挙してみます。これらの結論は、抽象的でどのようなテーマについてもあてはまるのです。受験勉強の「小論文」で、こうした結論をさまざまなテーマに使いまわした経験がある学生さんも多いのではないでしょうか。みなさんのレポートの結論がこういうパターンに陥っていないか、チェックしてください。

「ダメな結論」一覧
★レポートの「結論」にするのではなく、レポートを書く段階で実行しておくべきこと。

　・「難しい問題なので、真剣に考えなければならない。」：レポートを書く段階で真剣に考えて結論を出しましょう。このように書くのは、真剣に考えていない証拠！

- 「各人が自分なりに考えて結論を出すことが必要だ。」：あなたが自分なりに考えて出した結論を書いてください。なお、念のため繰り返しますが、「自分なりに考える」とは、「自分で様々な情報を調査して比較検討する」という意味であって、「自分で勝手に思いつく」という意味ではありません。
- 「しっかり学ぶことが重要だ。」「よく知らなければならない。」：レポートを書くときにしっかり学び、知ってください。

★他人事っぽい

- **「最近の学生は学力が低下している。」**：このように書く学生は、自分自身の学力をどのように考えているのでしょうか。いつの世でも「最近の若者は……」と言うオジサンは存在します。そうした言葉にだまされるのではなく、「我々は学力テストでは測れないようなことを自分たちできちんと学んでいるのだ」などと、堂々と反論してほしいものです。
- **「日本国憲法の改正は時代の流れなので、仕方がない。」**：率直に言って、このレポートを見たときには仰天しました。憲法改正は、自分たちの生活に直結する大問題であり、民主主義社会では国民が決めるべき事柄であるにもかかわらず、まるで自分にはどうすることもできない自然現象であるかのような言い方です。社会的な問題について、他人事ではなく、みなさん自身の問題として捉えるようにしましょう。
- **「生活保護の不正受給を防ぐために、受給家庭に監視員を付けるべきだ。」**：前の例文以上に仰天したレポートです。他人でなく、自分がそんなことをされたらどんな気がするか、少しでも考えてみてほしいものです。この例文によく表れていますが、他人事っぽいパターンのもう一つの特徴として、自分を管理者

側、あるいは強者の立場に置くという点も指摘できます。最近の流行語で言うなら「上から目線」です。バランスよく考察するためには、「上から」だけでなく、「下から」の目線も持つようにしましょう。

★非現実的な結論
- 「**何事も疑ってみることが必要だ。**」：「すべてのことを疑うこと」は実行不可能です。
- 「**自分で確認したことや、自分の目で見たものだけを信じるようにすべきだ。**」：直接体験にこだわるパターンです。自分で確認できること、自分の目で見ることができるものは非常に限られています。また、人はさまざまなバイアスをかけてものを見てしまいますから、「自分の目はそれほど信用できない」ということも考えてください。
- 「**自動車社会そのものを改めるべきだ。**」：たしかに自動車がなくなれば、排ガスも交通事故もなくなります。しかし自動車をいきなり全面禁止にすることは非現実的でしょう。

★具体的に何をしたらよいのかよく分からない
- 「**人間の生存のためには、ある程度は自然が破壊されてもやむをえない。**」：具体的にどの程度の破壊は許容範囲なのか、根拠を挙げて示さなければ意味がありません。
- 「**どうしても人間のエゴが入るので、真の意味での自然保護は難しい**」：具体的にどんな意味の自然保護なのか書きましょう。
- 「**さまざまな意見を考慮して決定しなくてはならない。**」：具体的にどんな意見を考慮すべきなのかを書きましょう。
- 「**マスコミの情報を鵜呑みにせず、正しい情報を知らなくては**

ならない。」：たしかに世の中には「正しい情報」と自称するウソの情報がたくさん存在しています。具体的にどのようにしたら「正しい情報」を知ることができるのかを書くようにしましょう。この本では、「正しい情報」かどうかを判定するための基本的な技術についても説明してきました。なお、「マスコミの情報を鵜呑みにせず」は、学生がよく書く言葉なのですが、聞いてみると、多くの学生は新聞を読んでいない、テレビのニュースさえあまり見ていない。まずはマスコミからの情報をしっかり仕入れてほしいものです。

・「**教育が大切だ。**」：政治家などがよく言うセリフです。「若者のモラルが低下しているので、道徳教育が大切だ」などという言葉もよく聞きます。こうした言葉をレポートに書きつける学生さんは、単にそれをマネして言っているのかもしれません。しかし、現場で道徳教育を実践している者の立場から言わせてもらうと、倫理学の知識を教えることはできますが、それだけでは道徳的な人間を育てることにはなりません。また、学生を道徳的な人間に「する」ということが、ある種の強制や洗脳的な側面を含んでいるなら、「道徳教育」自身が非道徳的なものになってしまいます。具体的にどのような教育をすれば道徳的な人間が育つのか、というところまで踏み込んで考えてほしいですね。

★結局○○思考

・「結局、ハイブリッドカーであっても環境負荷があるので、ガソリン車をハイブリッドカーに置き換えていったとしても意味がない。」

・「結局、自然保護といっても人間の立場から考えていることな

ので、本来の意味での自然保護などは不可能だ。」
・「結局、他人の考えていることを十全に理解することなどできない。」
・「結局、人間のやることなので限界がある。」

　私が**「結局○○思考」**と呼んでいるパターンです。「結局」と言ってから、「原理的に不可能だ」というようなことを述べ立てます。これらは、一見すると哲学的で根本的なことを主張しているかのようですが、現実社会における問題を何ら解決することなく温存してしまう無意味な主張です。何事も「人間のやることなので限界がある」のは当然ですが、だからといって「なにもやらなくてよい」ということにはなりません。むしろ、限界があるからこそ、より良くしていこうという努力に価値があるのです。

「引用」を活用した文章の構成・まとめ

ポイント⑤：「思う」は禁句。

- 「思う」と書かず、「根拠」を考える。
- 「ある程度」「いろいろ・さまざま」「本来の意味での○○」も禁句。具体的にどの程度かなどを説明する。
- 「考察する」とは、対立する陣営双方の主張の客観的な根拠を比較し、客観的に「正しい」といえるような結論を出すことである。

ポイント⑥：接続詞を入れる。

- 箇条書きやダラダラ文はやめ、「接続詞、主語-目的語-述語。」という簡潔な構文を心がける。
- 「たとえば、しかし、それゆえ、つまり」の4つが基本。
- 「また、そして」は使ってもよい。
- 「さて、ところで」は避ける。

★ 「不条理な論理」になっていないかチェックする。
- 感情を根拠にしていないか？
- 別の事例から結論していないか？
- 過度の一般化を行っていないか？
- 論理学的に正しいか？
- 前提が間違っていないか？

ポイント⑦：具体的な結論を出す。

"コピペと言われない書き方"の総まとめ

　気を付けるべき点、重要な点を太字にしてあります。もちろん、みなさんがレポートを書くときには太字にする必要はありません。念のため。

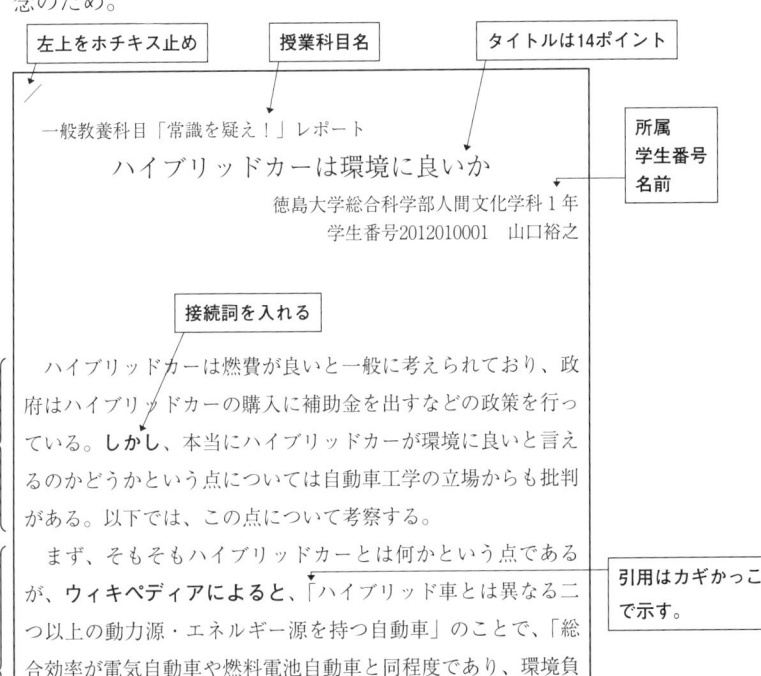

| 左上をホチキス止め | 授業科目名 | タイトルは14ポイント |

一般教養科目「常識を疑え！」レポート

ハイブリッドカーは環境に良いか

徳島大学総合科学部人間文化学科1年
学生番号2012010001　山口裕之

| 所属 / 学生番号 / 名前 |

| 接続詞を入れる |

起｛　ハイブリッドカーは燃費が良いと一般に考えられており、政府はハイブリッドカーの購入に補助金を出すなどの政策を行っている。**しかし、**本当にハイブリッドカーが環境に良いと言えるのかどうかという点については自動車工学の立場からも批判がある。以下では、この点について考察する。

承｛　まず、そもそもハイブリッドカーとは何かという点であるが、**ウィキペディア**によると、「**ハイブリッド車とは異なる二つ以上の動力源・エネルギー源を持つ自動車**」のことで、「**総合効率が電気自動車や燃料電池自動車と同程度であり、環境負荷の低い実用車として注目されている**」という（**ウィキペディア「ハイブリッドカー」の項目による**）。
　一般に、ハイブリッド車は通常のエンジン車よりも燃費がい

| 引用はカギかっこで示す。 |

いといわれている。**たとえば**、代表的なハイブリッド車であるトヨタ「プリウス」の燃費は、**トヨタのウェブサイトによると**38km/l で、これは排気量が同じ1.8リットルのカローラの燃費16.8km/l の約2倍である（**トヨタ自動車サイトによる**）。

この事実からは、ハイブリッドカーは走行中の CO_2 排出量が格段に少ないということができるだろう。**それゆえ**、多くの人がハイブリッドカーを使えば CO_2 排出量が減るのではないかと考えられる。

しかし、ハイブリッドカーは、通常のガソリン車と比べて燃費はよいものの、まだまだ大量のガソリンを消費している。そして、ガソリンの消費こそが、「電力使用」と並ぶ、家庭部門における CO_2 排出の二大要因なのだ（**国立環境研究所サイトによる**）。政府が高速道路の低料金化、ハイブリッドカーの購入促進など、自動車利用を増やす政策を取れば、これまで電車で行っていたところに車で行く、これまで車を持っていなかった人が車を買うなどの結果となり、燃費向上による CO_2 排出削減分はすぐに相殺されてしまいかねない。

また、**この問題について自動車工学の立場から批判的な発言を行っている山口裕之**の『ハイブリッドカーの虚実』によると、「ハイブリッドカーの製造時には、通常の車の約1.5倍の CO_2 が発生する」のである（**山口裕之，p.122**）。

つまり、製造段階で発生する余分な CO_2 が相殺されるためには、長年乗り続けることが必要、ということである。「物を大切に使う」という環境保護の基本が、ハイブリッドカーにおいても重要なのだ。ハイブリッドカーの購入促進策はこの基本に逆行する政策である。また、先に述べたとおり、これは自動車利用促進につながりかねない政策でもある。むしろ燃費の良い車を長期間利用している人を優遇することや、自動車の利用を全体的に抑制する政策を取ることが、環境保護のためには必要なのである。

参考文献・ウェブページ一覧

1）ウィキペディア「ハイブリッドカー -Wikipedia, http://ja.wikipedia.org/wiki/ハイブリッドカー, 2012/8/20アクセス.

2）国立環境研究所「温室効果ガスイベントリ報告書」, http://www-gio.nies.go.jp/aboutghg/nir/nir-j.html, 2012/10/12アクセス.
3）トヨタ自動車「toyota.jp プリウス」, http://toyota.jp/sp/zeisei/car/06prius.html, 2011/6/20アクセス.
4）トヨタ自動車「toyota.jp カローラフィールダー」, http://toyota.jp/corollafielder/index.html, 2012年10月11日アクセス.
5）山口裕之『ハイブリッドカーの虚実』徳島書店, 2009.

　なお、ここで示したレポートのサンプル「ハイブリッドカーは環境に良いか」の評点ですが、自分で書いておいて言うのもなんですが、「優（80点以上）、良（70〜80点）、可（60〜70点）」で採点するなら「良」ぐらいの出来ばえです。何が足りないかというと、分量がＡ４で１枚程度と、少々短いのです。もちろん、単に長ければよいわけではありませんが、賛否両論それぞれの根拠を取り上げて、十分に検討するためには、少なくともＡ４で２〜３枚は書くことが必要でしょう。結論もはっきり言って凡庸です。形式を示すためのサンプルなので、内容よりは簡潔さを重視してあります。ここでは形式を確認してください。くれぐれも、内容について「この程度でいいんだ」と思わないようにしてください。

電子メールでレポートを提出する

　さあ、レポートが完成しました。あとは提出するだけです。毎年必ず、「提出日を勘違いしていました」という学生が夏休みや春休みの研究室にやってきます。提出場所や提出期日をまちがえずにきちんと提出してください。

　最近多いのが、電子メールによる提出です。電子ファイルで提出させれば「コピペ検出ソフト」にかけるのも容易。私も、多くの授業で、レポートをメールで提出するよう指示しています。そこで驚くのが、「多くの学生がメールの書き方を知らない！」という事実です。もちろん、ほぼ全員の学生が携帯電話を使いこなしているのですが、パソコンからメールを打つことは意外とやっていないようなのです。

　携帯メールは、たいてい友だちに送信しますから、送信者を書かなくても、相手先のアドレス帳に自分のアドレスが登録されていれば自分の名前が表示されます。そういうこともあってか、自分の名前を書かないで送信してくる学生がかなりいます。それどころか、メール本文も白紙という学生もいます。もちろん、「パソコンメールの書き方」という講義を一回やり、「白紙メールは減点対象！」と宣言するのですが、それでもいるのです。もし何も注意しなかったら、大部分の学生が自分の名前を書かないのではないかとさえ思います。

　件名なし、本文が白紙、添付ファイル付き。こんなメールが来た

ら、ウイルスが怖いので絶対にファイルは開けずに捨ててしまいます。みなさんもそうしてください。

そんなことにならないように、メールで送信する場合の「作法」を簡単にですが書いておきます。

まず、「件名」には、授業名とレポート提出であることを明記する。たとえば授業科目名が「哲学概論」だったとすると、件名は「哲学概論レポート提出」などとしましょう。通常、大学教員は複数の授業を持っていますから、「レポート提出」だけでは、どの授業のレポートなのか分からないので、あなたの名前を学生名簿で確認して科目を特定しなくてはならず、ちょっと面倒です。

本文には、最低限度、

○○先生

　哲学概論のレポートを提出します。よろしくお願いいたします。

徳島大学総合科学部人間文化学科1年
学生番号2012010001　山口裕之

ぐらいは書いてください。送り状を長々と書く必要はありませんが、「一学期間、たいへん有意義な授業でした」などとリップサービスをしておくのもよいでしょう。

せっかく書いたレポートを添付するのを忘れないように。ファイル名は、この本の最初に説明したように、「哲学概論レポート（山口裕之）」などのように、「**科目名＋自分の名前**」としてください。

「哲学概論レポート」だけだと、教員のメールには同じ名前のファイルが殺到することになります。それでは同じフォルダに保存できないので、いちいちファイル名を修正して保存せねばならず、大変に不便です。

・件名に「○○学レポート提出」と記入したか？
・本文に「送り状」を書き、所属と学生番号と名前を書いたか？
・レポートのファイルを添付したか？

この3点を確認したら、教員のメールアドレスに宛てて送信しましょう。

しかし、「送信したはずなのですが、成績が付いていないんです。届いていませんでしたか？」と言ってくる学生が毎年必ずいます。そうならないためには、自分のメールソフトの「送信済みアイテム」のところに自分の送ったメールがちゃんと入っているかどうかを確認してください。送ったつもりが「下書き」に入ったままだった、という学生さんもいます。

もし万一、「送信済みアイテム」にメールが入っているにもかかわらず、教員のもとにレポートが届いていないという場合には、送ったはずのメールを印刷して、教員のところに交渉に行ってください。メールを印刷すると、送信日時が印刷されるはずです。その送信日時が、たしかにレポート提出期日以前であれば、私なら「しょうがないな〜」と言いながら受け取ります（たいていはメールアドレスの入力ミスですから、小言の一つも言いながら）。もちろん、送信できていないのは基本的にあなたのミスですから、もし受け取ってもらえなくても恨みに思ってはいけません。

「たしかに送信したんです。でも送信済みアイテムに入っていないんです」という学生さんからは、私なら決して受け取りませんので、送信後には「送信済みアイテム」を確認しておいてください。

チェック項目一覧

　これで、「コピペと言われないレポートの書き方」はすべて終了です。レポートはどのように書けばよいのか、さらには「考える」ということはどういうことか、理解していただけたでしょうか。

　ここまで書いてきたことを、「レポートを書くときの手順」という観点で再構成した「書き方チェックリスト」を掲げておきます。これを参考にしてレポート執筆のための調査・研究を行ってください。「準備・調査・執筆」という流れに整理してありますが、もちろん、執筆しているうちに自分なりの「問い」が増え、資料を調査したり再確認したりすることが必要になってくるでしょうから、一方通行で先に進むのではなく、何度も「執筆→調査→執筆→調査…」というサイクルを繰り返してください。

　最後に一つ、ぜひ実行してほしいことがあります。それは、**レポートを書いたら、提出する前に必ず読みなおす**ということです。そのために、「できばえチェックリスト」を掲げておきます。その授業を受けていない友達や家族の人に読んでもらうのも良い考えです。

　この本で紹介したことは、「コピペと言われないレポート」を書くための基本的なルールです。しかしもちろん、ルールを知っただけではできるようになりません。反復練習が必要です。おそらくみなさんが大学を卒業するまでに、たくさんのレポートや論文を書く経験をすることでしょう。この本で学んだ基本方針を参考に、がん

ばってください。みなさんが「**根拠のある意見**」を言える人へと成長していってくれることを、心から願っています。

書き方チェックリスト

★準備：レポートのテーマを決める

□課題に関連して、賛成と反対の両方の立場を意識する。

□複数のウェブサイトや文献を調査する。

□「学問的・社会的に論じるべきこと」を見つける。

★調査：信用できる情報を得る

□ウェブサイトの制作者が明示されているかを確認する。
（匿名のページは信用しない）

□ウェブサイトや文献の制作者（著者）肩書きを調べる。

□ウェブサイトに「情報源（出典）」が示されているかを確認する。　← 少なくともここまでは必ず実行

□その「情報源（出典）」を読んでみる。

□論文検索サイト（CiNii や Google Scholar など）を利用して論文を探す。　← 卒論など「論文」の場合はここからも必要

□図書館を利用して、論文の現物を入手する。

★執筆：文章を構成する

□テーマに関する賛成の立場について説明する。

□反対の立場について説明する。

□自分の主張を打ち出す。

□自分の主張の根拠を示す。

□具体的な結論を提示する。

□テーマを適切に示すタイトルを付ける。

できばえチェックリスト

形式面の確認

　　□左上をホッチキス止めしていますか？（横書きの場合）

　　□科目名、タイトル、自分の所属、学生番号、名前が書かれていますか？

　　□分量は、A4で2～3枚程度になっていますか？

　　□段落に分けて、段落の冒頭は1文字下げていますか？

　　□ページの下に、ページ番号が振ってありますか？

「コピペ」と言われないために必要な項目

　　□あなたのレポートには引用の「　」がありますか？

　　□なぜその引用をするのか、理由が書いてありますか？

　　□出典の情報を示しましたか？（ウェブページの場合は「制作者・タイトル・URL・閲覧日」、文献の場合は「著者・タイトル・出版社・出版年・ページ」）

　　□文献一覧の形式は適切ですか？（自信がない時は39ページを再確認）

「感想文」でなく「レポート」にするために必要な項目

　　□「～に興味を持った」などと書き始めていませんか？

　　□「学問的・社会的に論じるべきこと」を見つけましたか？

　　□賛成と反対の双方の立場が取り上げられていますか？

論理展開を支える接続詞
□箇条書きやダラダラ文になっていませんか？
□「たとえば・しかし・それゆえ・つまり」が使われていますか？
□「だから」の前後が「不条理な論理」になっていませんか？
□具体的で現実的な結論となっていますか？

やってはいけないことチェック

使ってはならない「魔法の言葉」
□「思う」「感じる」「気がする」「印象を持った」「考える」
　⇒それらを消して**理由**や**根拠**を書く。
□「〜といわれている」「〜だそうだ」「〜と聞いたことがある」
　⇒**情報源**（出典）を確認する。
□「ある程度」「いろいろ・さまざま」「本来の意味での○○」
　⇒**具体的**に説明する。

「不条理な論理」一覧
□「なんとなくイヤなので反対」：個人的な感情を根拠にしている。
□「インサイトがダメだからプリウスもダメ」：別の事例から結論している。
□「うちのプリウスが壊れたから……」：過度の一般化。
□「AだからB。ゆえにBだからA」：論理学的にまち

がっている。
- □「努力したら必ず成功する」：前提がまちがっている。

「ダメな結論」一覧

- □「真剣に考えるべきだ」：レポートを書く段階で実行しておくべき。
- □「最近の学生は……」：他人事っぽい。
- □「自動車を禁止すべき」：非現実的な結論。
- □「ある程度は……」：具体的に何をしたらよいのかよく分からない。
- □「結局○○思考」：一見「根本的」だが無意味な結論。

おまけ：電子メールで提出するときのチェック項目

- □件名を「○○学レポート提出」などと記入しましたか？
- □本文に「送り状」を書き、所属と学生番号と名前を書きましたか？
- □レポートのファイルを添付しましたか？
- □添付ファイルの名称は「○○学レポート（自分の名前）」となっていますか？
- □送信先のアドレスは間違っていませんか？
- □「送信済みアイテム」に送信したはずのメールが入っていますか？

付録:この本で紹介したお役立ちサイト一覧

論文検索サイト
- 国立情報学研究所 CiNii　http://ci.nii.ac.jp/
- グーグル・スカラー　http://scholar.google.co.jp/

政府関連の情報公開サイト
- 警察庁「統計」
  http://www.npa.go.jp/toukei/index.htm
- 厚生労働省「各種統計調査」
  http://www.mhlw.go.jp/toukei_hakusho/toukei/index.html
- 文部科学省「統計情報」
  http://www.mext.go.jp/b_menu/toukei/main_b8.htm

  *「省庁名　統計」でキーワード検索すれば、その他の省庁の統計情報公開ページに到達できます。

新聞記事
- 聞蔵Ⅱビジュアル　朝日新聞記事データベース
  http://database.asahi.com/library2/
- 読売新聞データベース
  http://www.yomiuri.co.jp/database/
- 毎日新聞記事データベース
  http://db.g-search.or.jp/ad/mainichi/

これらは有料サービスですが、大学図書館では学生が利用できるように法人契約している場合が多いです。

おわりに
——民主主義とレポート

■自分の意見に根拠を付けることの重要さ

　この本では、「コピペと言われないレポート」を書くにはどうすればよいかを説明してきました。理系の「実験レポート」や社会学系の「調査レポート」の書き方には直接対応してはいませんが、それらを書く前に、基礎となる点をしっかり身に付けておくことが必要です。それだけでなく、レポートを書く力は、これから民主主義社会を構成する市民として生きていく学生さんたちにとって必須の能力なのです。最後に、この点を説明しておきます。

　そもそも、なぜ大学ではレポートを課題に出すのでしょうか。本文中でも何度か触れましたが、重要なことなのでもう一度書いておきます。それは「自分の意見を根拠づけて主張する」というスキルを身に付けてもらうためです。「なんだ、そんなことか。当たり前じゃないか」と思われるかもしれませんが、私が見るに、これこそが現在の日本において最も必要なはずなのに多くの人が身に付けていないスキルです。

　自分の意見に根拠をつけることは、「相手の意見をよく聞いて、それを理解し、適切に反論すること」と表裏一体です。こうしたスキルが身に付いていないから、政治家はあるグループの意見（というより感情的な反応）に引っ張られて方針を発表し、それが別のグループからの反発を受けると正反対の方針に転換する。そうした態

度に対して「方針がブレた」などと批判する政治家が登場し、こちらは他人の意見に耳を貸さず自分の方針に固執する。それでは独裁です。こうした状況の繰り返しは、まさしく民主主義の危機と言うほかありません。

「民主主義とは多数決だ」と多くの日本人が誤解していますが、実は民主主義の本質は、すべての人が対等な立場で自分の意見を根拠づけて主張し、討議し、お互いに納得できる合意点を探るというところにあります。多数決は、合意ができたかどうかを最後に確認するための手段にすぎません。もしも民主主義が多数決だとするなら、国会はいつも強行採決をすればよいはずだし、あるいはネット社会では国会など不要で国民が直接ネットで投票して決めていけばよいということになるでしょう。もちろんそんなことをすれば、感情に流されて道理の通らない恐ろしい社会になるに違いありません。

個人的なことについて決めるとき、ふつう人は自分の感情や思いを根拠にして行動します。しかし、他人とともに行動することが必要な社会生活の場では、感情や思いは通用しません。感情は個人的、主観的なものですから、自分以外の人に受け入れられるとは限らないのです。

たとえば、「原子力発電所がキライだから反対」では、「原子力発電所が大好き」な人たちと、ケンカにしかなりません。そうなると結局、力のある方の意見が通ってしまいます。「正しい意見」でなく、「強者の意見」が通ってしまうのです。原子力発電について言えば、放射線の危険性、放射性物質の管理技術の水準、発電所設備の破壊が起こるリスクと起こったときのコストなど、客観的なデータについてのみ、真偽を議論することができ、その結果として、お互いに納得できる結論を導くことも可能になります。

というわけで、私がこの本で「レポートの書き方」として、「〈思う〉と書くな、根拠を示せ」、「反対意見を挙げよ」、「具体的な結論を示せ」と強調しているのは、単にレポートを書くためだけでなく、大学は民主主義社会を担う市民を育成する最後の砦だと信じているからです。民主主義とは、すべての国民が賢くあらねばならないという無茶苦茶を要求する制度です。その無茶苦茶を実現するために大学というものは存在しています。企業に有為な人材を育成するためではない。

■「人それぞれ」はもうやめよう

　「自分の意見を根拠づけて主張する」ということと真っ向から対立するのが、「人それぞれ」という言葉です。本文でも書いたことですが、最近、レポートを書かせると、どのような課題を出しても、「結局、正しさは人それぞれだ。だから自分で決めればよい」といった結論を書く学生さんが激増しています。みんながみんな同じように「人それぞれ」と言うという、自己矛盾的状況になっています。

　このように書くと、「センセーも〈最近の学生は……〉とボヤくおじさんになったんですね」と言われそうなので、この言葉が本当に最近のものなのかどうか、調べてみました。

　ある言葉がいつごろから社会的に流布するようになったのかを明らかにするためには、新聞記事にその言葉がどれぐらいの頻度で登場するかを年代別に調べるという方法があります。そこで、朝日新聞の記事データベース（聞蔵Ⅱビジュアル、http://database.asahi.com/library2/）で、記事本文検索が可能な1985年から2012年までのあいだに、この言葉が新聞記事にどれぐらい使われてきたか、検索してみたのです。その結果は、下のグラフのようになりました。

　ご覧のとおり、件数は1980年代末から急増し、90年代初頭には少

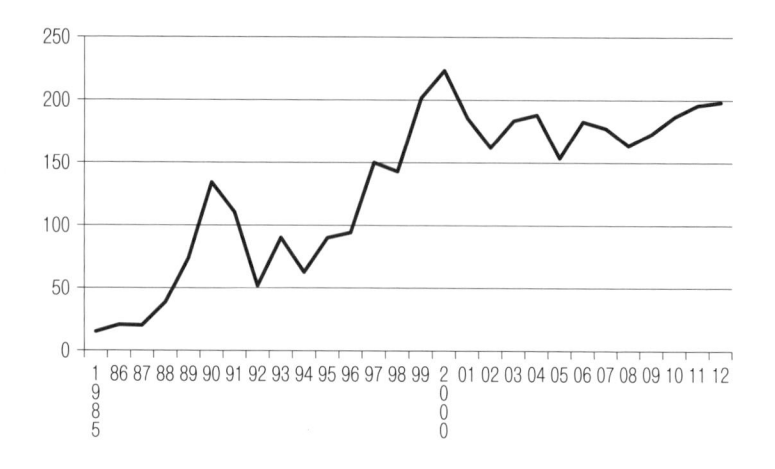

し減るものの、その後、90年代後半からまた急増して現在に至っています。つまり、私が学生だった1990年前後はまだそれほど一般的な言葉ではなく、その後、爆発的に使われるようになったのです（グラフに入れていませんが、1984年については、9月1日〜12月31日までの期間についてのデータを検索することができました。結果はわずか2件でした）。

今回は単に機械的に年ごとの件数を数えただけで、具体的にどのような文脈で使われているのかなどの詳細は検討していませんが、この言葉の流行は、これと相前後して猖獗を極めるようになった政治経済上のいわゆる**新自由主義（ネオリベラリズム）**と相関しているのではないかとにらんでいます。新自由主義については毀誉褒貶、さまざまな議論がありますが、簡潔に言ってそれは個人の自由を前面に押し出して国民生活への政府の関与を少なくさせようとする思想です。

一見すると「いいことじゃないか」と思われるかもしれませんが、こうした思想は、「貧困に陥るのは努力しなかった人が悪い。

だから助けなくてよい」といった自己責任論と結びつきやすく、弱者切り捨てにつながりやすいものです。実際、新自由主義を旗印にした経済・財政政策の下で、困っている人に対する公的なサポート（医療費や生活保護などの福祉政策）が削減されてきました。その動きは現在も続いています。

「人それぞれ」とは、一見相手を尊重すると見せかけて、相手の意見をよく聞かずに体よく切り捨てる言葉です。そのことは、みなさんがこの言葉をどんな時に使うか、ちょっと考えてみれば明らかでしょう。「人それぞれ」と言っても平気なのは、自分にとってどうでもよいことについてか、どうでもよい相手の場合ですよね。逆に自分が、大切な友人や恋人に真剣に相談した時に、こんなことを言われたら、どんな気持ちがしますか？

このように考えると、レポートに「人それぞれ」と書いて平気ということは、あなたがその課題について「どうでもよい」と考えていることの証拠なのかもしれません。あるいは、ともに社会に生きる多くの他人について、「どうでもよい人」と思っている証拠なのかもしれません。

また、「人それぞれ」という言葉は、自分の意見を根拠づけて主張するという骨の折れる作業をしないで済ませてしまう言葉でもあります。「相手の意見を聞いて、それを理解し、適切に反論すること」は、実に骨の折れる作業です。自分の意見に客観的な根拠を付けるためにはしっかり勉強しなくてはなりません。相手からの反論を受けて、自分の意見を引っ込めるとなれば、プライドが傷つくこともあるでしょう。しかしそうしたことは、他人とともに社会生活を営んでいくうえで、避けてはならないことなのです。「人それぞれ」と言うことで、そうした作業をしないでごまかしてしまうなら、他人との社会的連帯を築くことはできません。「人それぞれ」

とは、実に無責任な自己責任論なのです。

　多くの市民が、自分の意見を根拠づけて主張する能力を持たず、市民同士で連帯することもできないのであれば、「正しい意見」でなく「強者の意見」がまかり通る社会になってしまいます。そうした社会は、大多数の弱者（つまり、おそらくみなさんの大多数が含まれるであろう「ふつうの人」）にとってたいへん生きにくい社会です。多くの人が、「原発をどうするか、人それぞれで決めればよい」とか、「日本国憲法をどうするか、人それぞれで決めればよい」などと言っていたら、どのような結果になると思いますか？多くの学生さんが口々に、判で押したように「人それぞれ」と言うのを前にして、私は言い知れぬ不安を感じています。どうしてみんな、結局自分たちの首が絞まるようなことを信じ込んでいるのでしょうか。

　実際のところ、ある国際調査では、「自力で生きていけない人達を国や政府が助けるべきだ」という考え方に対して「そう思わない」と答えた人は、主な先進諸国では8％前後、「自己責任の国」アメリカでも28％程度だったのに対し、日本では38％だったそうです（波頭亮『成熟日本への針路』ちくま新書、2010、p.248）。日本社会の連帯は、ここまで破壊されているのです。

　そうした状況に対して少しでもまともな社会の方へ押し戻していくためには、一人一人の学生さんに「自分の意見を根拠づけて主張する力」を付けていってもらうほかありません。この小さな本が、そのための小さな助けになればよいな、と願っています。

　　　2013年6月

　　　　　　　　　　　　　　　　　　　　　　　山口裕之

著者紹介

山口裕之（やまぐち・ひろゆき）
1970年　奈良県に生まれる
1999年　東京大学大学院人文社会系研究科基礎文化研究専攻
（思想文化）哲学専門分野博士課程単位取得退学
2002年　博士（文学）学位取得
現在，徳島大学総合科学部教授
主要著作：『ワードマップ　認知哲学』（新曜社，2009年），『ひとは生命をどのように理解してきたか』（講談社，2011年），『人をつなぐ対話の技術』（日本実業出版社，2016年），コンディヤック『論理学』（訳書，講談社，2016年），『「大学改革」という病』（明石書店，2017年），『語源から哲学がわかる事典』（日本実業出版社，2019年），『「みんな違ってみんないい」のか？』（ちくまプリマー新書，2022年）ほか。

コピペと言われないレポートの書き方教室
3つのステップ

初版第1刷発行	2013年7月26日
初版第15刷発行	2022年9月16日

著　者　山口裕之
発行者　塩浦　暲
発行所　株式会社 新曜社
　　　　〒101-0051 東京都千代田区神田神保町3-9
　　　　電話（03）3264-4973・Fax（03）3239-2958
　　　　E-mail:info@shin-yo-sha.co.jp
　　　　https://www.shin-yo-sha.co.jp/
印刷所　亜細亜印刷
製本所　積信堂

©YAMAGUCHI Hiroyuki, 2013　Printed in Japan
ISBN978-4-7885-1345-7　C0081

■好評関連書■

浅野光紀 著
非合理性の哲学 アクラシアと自己欺瞞　　　四六判402頁／3800円

井頭昌彦 著
多元論的自然主義の可能性 哲学と科学の連続性をどうとらえるか　A5判308頁／4200円

R.L. ロスノウ, M. ロスノウ 著／加藤孝義・和田裕一 訳
心理学論文・書き方マニュアル　　　A5判224頁／2415円

ハンス・ザイゼル 著／佐藤郁哉 訳／海野道郎 解説
数字で語る 社会統計学入門　　　A5判320頁／2500円

佐藤郁哉 著
QDAソフトを活用する 実践 質的データ分析入門　A5判176頁／1800円

明日に向かって私たちの認識地図を一変する!!
　シリーズ "ワードマップ" から

山口裕之 著
認知哲学 心と脳のエピステモロジー　　　四六判288頁／2800円

佐藤郁哉 著
フィールドワーク 増訂版 書を持って街へ出よう　四六判320頁／2200円

斎藤嘉孝 著
社会福祉調査 企画・実施の基礎知識とコツ　　　四六判248頁／2200円

井山広幸・金森 修 著
現代科学論 科学をとらえ直そう　　　四六判274頁／2200円

矢守克也・渥美公秀 編著
防災・減災の人間科学 いのちを支える・現場に寄り添う　四六判288頁／2400円

佐藤嘉倫 著
ゲーム理論 人間と社会の複雑な関係を解く　　　四六判196頁／1800円

前田泰樹・水川喜文・岡田光弘 編
エスノメソドロジー 人びとの実践から学ぶ　　　四六判328頁／2400円

（表示価格は税を含みません）